W0177415

Jakob Streit

# WARUM KINDER MÄRCHEN BRAUCHEN

OGHAM-BÜCHEREI

24

Jakob Streit

# Warum Kinder Märchen brauchen

OGHAM VERLAG STUTTGART

Einbandgestaltung von Christiane Lesch und
Lotte Boelger-Kling (Schrift)

Neu redigierte und erweiterte Ausgabe der Schrift
«Das Märchen im Leben des Kindes»

(©) 1985 OGHAM VERLAG Sandkühler & Co., Stuttgart
Satz: Hermann Weyhing GmbH, Stuttgart
Druck: Johannes Illig, Göppingen

ISBN 3-88455-024-1

# INHALT

## KIND BEIM EINSCHLUMMERN

Der Musiker Robert Schumann ist einer der wenigen grossen Komponisten, der extra für Kinder und aus der Welt der Kinder komponiert hat. Seine «Kinderszenen» atmen die Luft stiller Geborgenheit. Unter diesen Stücken heisst eines «Kind beim Einschlummern». Robert Schumann hat als Vater öfters am Bettchen seiner kleinen Kinder gesessen. Er hat das Wunder der Einschlafminuten miterlebt und in Klänge gebracht. Jenes sich lösende Weben des Gesichtsausdruckes in dem gelegentlich noch ein Schatten oder ein Lächeln huscht, bis die Seele, völlig hingegeben, in verborgene Schlafestiefen versinkt, aus der sie neue, gesunde Kräfte holt. Alles was die Augen tagsüber sahen, was Ohren hörten, was die Kindesseele an Freude und Leid erlebte, geht mit hinein in diesen Schlaf. Es ist nicht ausgelöscht. Wie in eine Grammo-Platte die Töne einer Symphonie sich eingraben, so gräbt sich in die werdende Kinderseele alles Erleben von Tag zu Tag, und es prägt mit an ihrer inneren Gestaltung. Durfte das Kind tagsüber an der Natur sich freuen, sah es Falter fliegen, beobachtete es Raupe, Schnecke, den Schwalbenflug...

sog es den Duft von Blumen ein, von Tannenharz und Moos... sah es dem Spiel von Nebel und Wolken zu, dem Fliessen des Wassers, den Wellen: das alles gibt gesunde Urbilder der Natur in seine Seele, durchzieht sie mit «Schöpfungsbildern», die innerlich bilden, stärken im gesunden Nachklang des Schlafes. Dies ist das unversiegliche Geschenk des Umganges mit der Natur, ein Vorzug des Landlebens, das heute nur noch einem Teil der Kinder unserer modernen Zivilisation genügend zugänglich ist. Der Teppich erlebter Naturbilder ist ja auf dem Grunde gewoben: «Die Welt ist schön!» und bildet so die gedeihliche Atmosphäre für ein harmonisches Wachstum von Seelen, die noch keine Nervosität kennen. So erzählt etwa die Schweizer Dichterin Maria Waser, wie ihr Vater (der Landarzt in Herzogenbuchsee war) mit ihr frühmorgens vor Sonnenaufgang aufgestanden und mit ihr in den Wald gewandert ist, dem Vogelsang zu lauschen. Wie dann der Vater draussen im Walde ihr Kinderhändchen genommen und ihr den Rhythmus der Melodien der verschiedenen Vögel auf die Handfläche telegraphierte. Wie sie unterscheiden lernte die Tannmeise, die Drossel, den Fink... und wie abends der Vater sie auf die Sternfiguren aufmerksam machte, zu einer Dachluke hinaus ihr die Wunderschrift der Gestirne deutete. Maria Waser beschreibt in ihren Lebenserinnerungen, dass diese Natur- und Sternstunden ihr ganzes späteres Leben mitbestimmt hätten, vor allem in einer steten Ehrfurcht vor Schöpfung und Leben. So wurde in sie jene Liebe zur Natur versenkt, die wir jedem Kinde so gerne mitgeben möchten.

Wachsen Kinder in städtischen Verhältnissen auf, so wird durch diese andern Lebensumstände das Tagestableau aus andern Bildern und Geschehnissen gewoben, die vom technisierten Verkehr, von Schaufenster und Reklame bestimmt sind. Aber auch dem häuslichen Leben hat die Technik ein anderes Gepräge verliehen. Wo früher das Feuer im Herde traulich flackerte, glüht die «abstrakte» Kochplatte. Den bunten Federwisch hat der Staubsauger vertrieben. Waschmaschine, Telefon, Auto, Traktor und Landwirtschaftsmaschine haben die Formen der Arbeit und die menschlichen Verbindungen durchmechanisiert. Das Lied der Arbeit ist dem Rädergetriebe gewichen. Und wenn's am Abend stille werden sollte zum Einschlafen, so durchtönen Lautsprecher und Fernseher bis in die späte Nacht die Räume. Das technische Zeitalter stürzt täglich mit tausend Eindrücken des Lärms und des Kunterbunts auf die seelischen Bereiche auch des Kindes ein. Kann es sich zu wenig davon abschirmen, wird eine gewisse Nervosität die Folge sein. Stumpft es sich in einer gewissen Dickhäutigkeit für dieses Zuviel an Sinneseindrücken ab, so bleibt wiederum eine ähnliche Disposition, allen Erlebnissen gegenüber sich unempfindlicher, nicht aufnahmefreundlich zu verhalten, was sich im Schulalter oft recht negativ zeigt. (Wir werden noch darauf zu sprechen kommen.) Naturbilder können in harmonischer Fortsetzung ins Schlaf- und Traumleben des Kindes mitgenommen werden. Zivilisationsüberreizung zuckt in der Unruhe des Schlafes und oft in Angstträumen weiter.

In einer Schulklasse berichteten Neunjährige von ihren Träumen. Hansli A. erzählte: «Am Abend gewahrte ich über dem Berg ein Sternbild. Als ich eingeschlafen war, sah ich es wieder und ich wurde selbst ein Sternchen und füllte eine Lücke aus, die dieses Sternbild hatte.» Ruedi F. berichtet, er habe am Tage einem Kran zugeschaut. In der Nacht hätte ihn der Kran mit seinen Zangen gepackt, hoch aufgehoben und wieder fallen lassen. Er habe furchtbare Angst ausgestanden. – So weben sich Tageserlebnisse in die Bilder der Träume; sie bilden gleichsam mit an der seelischen Hülle des Schlafenden. Traum und Märchenbild haben eine gewisse Verwandtschaft. Es gibt Kinderträume, die sich anhören wie Märchen. Träume und Märchen sind in der gleichen Seelenstube zuhause. Als Beispiel diene der von Trudi B. erzählte Traum, der den Vorgang vom müden Leib beim Einschlafen zum erquikkenden Erwachen schildert:

«Wie ich einschlief, bin ich aus einem dunklen Haus, das

10

gebrannt hat, geflohen. Als ich nach einer Weile zum Hause zurückkam, war es bedeckt mit schwarzen Brandflecken. Ich nahm sie ab. Darunter kam ein schneeweißes Haus zum Vorschein voll Geschenke und Gold im Innern. Ein Männchen kam heraus und lud mich ein, hineinzutreten. Da erwachte ich.»

Die Erfahrung zeigt, dass Kinder in freier Naturumgebung bis in den Schlaf hinein ihr Seelisches mit gesunden «Bildern» speisen können. Je technischer und städtischer die Umgebung ist, um so karger wird die Seele mit echten Umweltbildern genährt. Nun ist das Kind glücklicherweise nicht bloss und nicht ungeschützt der einen tristen oder gar hässlichen Umwelt ausgesetzt. In seiner Phantasiekraft hat es Möglichkeiten zu einem bildhaften Innenleben, das vor allem durch Erzählung und durch gute Bilderbücher in positiver Weise angesprochen werden kann. Hier ist gerade für das Kind unserer modernen Zeit ein nicht genug zu schätzendes Bildmittel das Märchen. Es vermag (gerade zwischen dem 4.–8. Jahre) im Kinde jene zweite, innere Bilderwelt regsam zu machen, die nun von innen her das Seelische zu gestalten vermag auch da, wo die äussere Umgebung trostlos sein kann. Eine etwas nähere Betrachtung der Phantasie-Gabe wird dies verdeutlichen.

11

## PHANTASIE UND PHANTASTIK

Als Erwachsener ist man immer wieder beglückt, Kinder beim Spielen zu belauschen, wo sie mit einfachen Gegenständen, von Phantasie beflügelt, ihre Schlösser bauen, ihre Pferde zügeln, ihre Tannzapfen-Kühe weiden und mit Wort und Ruf tiefernst ihr Tun begleiten. Man möchte frei nach Schiller sagen: Höchstes Glück der Erdenmenschen ist das mit Phantasie erfüllte Kinderspiel. Hier in ihrer eigenen Welt sind sie geborgen, zeitvergessen glücklich. Das Heilsame des wahren Kinderspiels ist heute wohl überall in seiner Bedeutung erkannt worden. Einer der phantasievollsten Erzähler Deutschlands, Jean Paul, schrieb schon vor 150 Jahren in einer Erziehungslehre: gebt dem kleinen Kinde einen dürren Zweig, es wird mit seiner Phantasie Rosen daraus spriessen lassen! Gebt ihm ein Rosenblatt und es wird auf dem Wasser ein Wunderschiffchen bewegen!

Ist das Kinderspiel ein Tätigsein nach aussen, so ist das Geschichten-Anhören ein Tätigsein nach innen. Im echten Spiel verströmen die Phantasiekräfte nach aussen in den Willen; im Aufnehmen von Märchen-Erzählungen wirkt eben diese Seelengabe der Phantasie regsam nach innen ins Gefühlsleben. Vergegenwärtigen wir uns einmal, was eigentlich vorgeht, wenn wir einem kleinen Kinde die Geschichte vom Wolf und den sieben Geisslein erzählen: Da sitzt es vor uns, erwartungsvoll, stille. Und wie wir beginnen: «Es war einmal nahe beim Wald ein kleines Häuschen...» da weiten sich die Pupillen seiner klaren, staunenden Augen und saugen uns die Worte vom Munde. Völlig eins wird so das Kind mit dem Erzähler. Wie aber der Wolf heranrückt, da pressen sich seine Fäuste, Bangigkeit dringt aus seinem Blick. Inneres Mitleid mit den Zicklein feuchtet das Auge. (Zwischendurch vergewissert es sich bei uns: «Gäll, es chunnt guet use!») Bei kleinen Kindern werden wir den Wolf noch etwas sanft-schattenhaft halten, nicht brutale Realistik malen. Mit dem kleinsten Zicklein, das sich in den Uhrenkasten rettet, hat sich das Kind nun völlig identifiziert mit all seiner Hoffnungskraft, dass Hilfe kommt, dass der böse Wolf nicht obsiegt. Da harrt es gepresst auf die Heimkehr der Mutter. Nach Entsetzen und Schmerz der Mutter: jubelnde Freude, wie sie das Kleine auf die Arme nimmt, an ihre Brust drückt. Nun aber muss auch die Rettung der andern vollzogen sein, und der Wolf (Bild des Bösen) muss seine Strafe kriegen, damit die Welt wieder intakt und befriedet ist. – In einem gewissen Alter können Kinder wochenlang

13

dieses Märchen tagtäglich erbitten, was uns so recht zeigt, wie die Kinderseele darnach hungert, innerlich durch Bilder und Gesten bewegt zu werden. Sie gleicht eben einem Instrumente, das gespielt werden möchte, und so wird die ganze Fülle der Gefühle, die eine junge Menschenbrust hegen kann, durch die Phantasiebilder des Märchens in innere Schwingung und Regsamkeit gebracht. Reich wird seine Seele, farbig und erfüllt, und in feiner Vorausnahme bewegen sich in ihm schon Höhen und Tiefen späterer Schicksale. Erhält die Kinderseele solche Nahrung nicht, so bleibt sie innerlich dumpfer, gefühlsarm und unbeweglich. Sollte das Kind dazu in einer öden, naturarmen Umwelt leben, könnte es innerlich völlig veröden. Gerade in unserer immer mehr technisierten, an Naturerlebnissen immer karger werdenden Umwelt hat das Märchen eine noch grössere Mission als vormals: von innen her die Seele zu bewegen, zu erfüllen und aufzuheitern. Mögen die Kinder in Eisen, Glas und Beton eingepfercht aufwachsen, ihre tiefe Innerlichkeit wird aufgeweckt, wenn ihre Seelen, gerade im vorschulpflichtigen Alter, am Märchen aufblühen dürfen. – Nicht an der Märchenplatte und -kassette meinen wir: sie sind fragliches Surrogat, geben letzlich Steine statt Brot. Die unbeholfene Erzählung der Mutter ist hundertmal wertvoller als die «kunstvollst erzählte» Märchenplatte! Hier ist ein Menschenherz dabei, ein Mutter-Augenpaar, das mit dem Kinde jene Seelenhülle gemeinsam eingeht, die kein Apparat ersetzen kann.

Hier ist wohl der Ort, auf einige andere Surrogate zu blicken. Eine nur auf Geschäftsrendite interessierte Unterhaltungsindustrie hat in vielen Ländern Millionen-unternehmen aufgezogen, am Bildhunger der Kinder verantwortungslos Geschäfte zu machen. So vom 4., 5. Altersjahr an bis um das 12. Jahr ist das aufwachsende Kind von einem grossen Bildhunger erfüllt. Es ist wie ein höherer Naturtrieb in ihm, sich an «Bildern» zu bilden. Entscheidend ist, ob es jetzt echte Bilder aufnimmt, die es in gesunder Weise «bilden», oder ob es auf falsche, seinem Innenwesen nicht gemäße Bilder verfällt, die vielleicht sogar mithelfen, seine Phantasie als innere Bildergalerie zu deformieren. Diese Probleme werden sehr oft von Eltern, die ihrem Kinde ansonst alle Fürsorge zukommen lassen, nicht in ihrer notwendigen Bedeutung erkannt. Die innere Seelenbildung des Kindes vom 4.–10. Jahre hängt weitgehend von den äussern und inneren Bildern ab, die das Kind aufnimmt. Dazu gehört nicht zuletzt, ob das Kind um sich herum gewisse «Vorbilder» findet, sei es in guten Spielkameraden oder in Erwachsenen (selbstverständlich auch den Eltern), die es nachahmt, denen es sich unbewußt ähnlich nachbilden möchte.

Eine übersteigerte und verzerrte Phantasie bezeichnet man gemeinhin als Phantastik. Sie entsteht, wenn durch Chaotisierung des kindlichen Phantasielebens die Bilder aus den Proportionen des Menschlichen herausgezerrt werden in ein Sensationelles, Übersteigertes oder auch Kitschiges. Man schlage einige Seiten auf der heute meist unter dem Namen Walt Disney gehenden Bilderhefte (Comics, will heissen «komische Hefte»). Was liegt hier vor in diesen bunten Produkten, die monatlich in Millionenschwemme über alle Länder der Erde fluten? Auf die viele Kinder, zufolge Gewöhnung, mit Süchtigkeit sich stürzen und nicht mehr davon loskommen können? Es sind Ausgeburten jener Phantastik, die à tout prix originell, spannend, faszinierend sein will, damit in möglichst grosser Zahl gekauft wird. Ob die Bilder der kindlichen Phantasie zuträglich sind oder nicht, diese Überlegung steht für die Gewinnabsichten dieser Bilderindustrie nicht in Frage.

Die aufdringlichen, zum Teil schreienden Farben sind an sich schon geeignet, jegliches feinere Farbempfinden bei den Kindern zu schädigen. Wir greifen eines der Hefte unter Hunderten heraus. Das Titelbild zeigt drei kleine Entenfratzen, die auf einem Rad fahren, das mit einer Gummiband-Vorrichtung bei der Lenkstange versehen ist. Eben pülvern sie damit im Fahren eine zusammengerollte Zeitung auf einen Entenonkel, dass er vornüber auf den Weg stürzt. – Die erste Geschichte des Heftes zeigt, wie Micky-Maus ihrem Besuch, einem andern Grimassen-Menschen-Tier, mit der Ständerlampe Schattenbilder an die Wand projiziert. Da kommt eine Einbrecher-Figur mit Pistole herein, schlägt Micky-Maus damit auf den Kopf, und der Besuch ergötzt sich, gleichzeitig den Überfall im Schattenriss zu verfolgen.

Die nächste Geschichte zeigt, wie ein Liebespaar in einem Schiff nach etwelchen Eifersuchtsszenen von einer Brieftaube an Land gelotst wird, «...Kein Zweifel, eine Brieftaube von ganz grosser Klasse!» Steht im Affischen-Kommentar, der als Luftblase aus einem Entenmaul steigt. Es folgen die Abenteuer eines Zirkusdirektors, der mit einer Peitsche Flöhe dressiert etc. etc. Jedes Heftchen enthält zirka 300 Komikbilder, aus sensationell sich gebender Phantastik geboren, in steter Fortsetzung.

Wenn etwas zur Phantasie-Verblödung von Kindern massiv beiträgt, so diese verzerrten Pseudomärchen, die viele Eltern gedankenlos am Kiosk für ihre Kinder kaufen und ebenso gedankenlos von den Kindern kaufen lassen, die der dick aufgetragenen Faszinierung dieser Hefte meistens liegen, wenn auch oft nur für kürzere Zeit, da gesünderen Naturen dieses ewige Gequietsch und Gequatsch in Wortblasen, Farben und Fratzen bald einmal entfällt. Walt Disney war es ja auch vorbehalten, aus unseren schönsten europäischen Märchen Trickfilme zu fabrizieren. Sein «Schneewittchen» als Journalpuppe, umgeben von hässlichen Schreckzwergen hat kleinere Kinder schon bei den Eingangsaffischen der Kinos in Furcht versetzt. Ich sah einmal in einem Berner Lichtspieltheater eine Mutter, die eben für sich und ihr Büblein Eintrittskarten gekauft hatte. Da sie nun in den Vorführungsraum eintreten wollte, weigerte sich der Kleine, der die Zwergaffischen betrachtet hatte, mit hineinzugehen: «Da wott i nid ine!» Die Mutter zerrte an ihm herum, und da der Kleine standhaft blieb, schlug sie mit ihrem Regenschirm auf das Bübchen los, bis es endlich unter Tränen mit hineinging zu Schneewittchen und den sieben Zwergen aus Hollywood. Hat da nicht die gesunde Seele des Kindes, aus ihrem echten innern Empfinden der Gewalt und Urteilslosigkeit einer «Mutter» weichen müssen?

Ein andermal erzählte mir eine Frau, Bildhauerin, dass ihr kleiner Knabe nach Besuch eines Kinder-Disney-Trickfilmes in der folgenden Nacht wild aufschrie und nicht zu beruhigen war, was noch nie vorgekommen war. Das Unheimliche aber war in der Folge, dass der Kleine von da an jede Nacht jenen Angsttraum-Exzessen erlag, die über ein Jahr lang nicht abklingen wollten. Die Mutter hat sich die schwersten Vorwürfe gemacht, ihr Kind gedankenlos einer solchen Welt aufpeitschender Phantastik ausgesetzt zu haben. Sensible Kinder saugen Bilder in ihr tiefstes Wesen hinein; sie ertragen diese aggressiven Karikaturen nicht. Dickhäutern wird sie nicht so tief eindringen. Diese Filmart ist ja wohl vor allem für eine abgestumpftere Gross-Stadtjugend gedacht, wo alles dick aufgetragen sein muss (wie man glaubt), um Interesse und Reize zu erregen.

Erzieherische Verantwortung muss alle solche Sensations-Zerrbilderei radikal ablehnen. Was die Kinder unserer Zeit mehr und mehr brauchen, ist Ruhe, Stille und Gemüthaftigkeit und nicht künstliche Aufpeitschungen, wie sie leider jetzt auch durch das unkontrollierte Fernsehen vieler Kinder schädigend ihre Seelen chaotisieren.

Das Kinderauge ist für weites sich Öffnen und Staunen geschaffen. Man gebe einem Kind im Märchenalter etwa ein gutes Bilderbuch. Man beobachte, wie aus den zarten Farben ihm die Blumen, Falter, Zwerge und Elfen lebendig werden. Wie es Tag für Tag immer wieder sich in diese Wunderwelt versenkt, und man bekommt eine Ahnung und Einsicht in die harmonisierende Kraft, die von echter Künstlerphantasie in das Kind einfliesst. Solche Bilder nähren die Seele in ihrem besseren Teile. Echte Phantasie erregt gesundes Fühlen durch das Bild. Phantastik vor Kinderaugen bringen, heisst ihre Seele verwirren, ihre

Gefühle verrohen lassen. Hier wird gesät für späteres Horden-Randalieren der Jugendlichen. (Eben da diese Zeilen geschrieben werden, berichtet eine Zeitungsmeldung von einem Badeort in USA, wo über das Wochenende 10 000 Jugendliche herumtobten, Strandhäuser anzündeten, Autos umwarfen, Fensterscheiben einwarfen etc. Aus drei Bundesstaaten musste in Grossaufgebot die Polizei hergeholt werden, die Bevölkerung vor diesen Exzessen zu schützen.) Geht das urteilslose Verderbenlassen der kindlichen Phantasie in dem heutigen, unkontrollierten Ausmasse weiter, so stehen wir erst am Anfang solcher Entwurzelungsprobleme Jugendlicher.

## WORTLAUT DER GEBRÜDER GRIMM

«Es wird dem Menschen von heimatwegen ein guter Engel beigegeben, der ihn, wenn er ins Leben auszieht, unter der vertraulichen Gestalt eines Mitwandernden begleitet... Die Märchen sind teils durch ihre äussere Verbreitung, teils durch ihr inneres Wesen dazu bestimmt, den reinen Gedanken einer kindlichen Weltbetrachtung zu fassen; sie nähren unmittelbar wie die Milch, mild und lieblich, oder wie Honig, süss und sättigend, ohne irdische Schwere.»

## WOHER STAMMEN DIE MÄRCHEN?

Aufgeschrieben wurden die meisten Märchen im letzten Jahrhundert von Sammlern, die wie die Gebrüder Grimm ihren Wert und Gehalt erkannten. Jahrhunderte, zum Teil Jahrtausende haben sie überlebt in mündlicher Weitererzählung von Geschlecht zu Geschlecht. In alten Zeiten gab es wandernde Märchenerzähler auch in unseren europäischen Landen, wie sie heute noch im Orient anzutreffen sind. Bei uns sind die Märchen früh geistiges Besitztum des Familienlebens geworden. Meistens waren es die älteren Leute, denen die schöne Pflicht zukam, den jüngeren zu erzählen. Wollen wir aber die Wurzel der Märchenentstehung auffinden, müssen wir weit in vorchristliche Zeiten zurückgehen, wo die Geschichte in Dämmerung versinkt. Aus dieser Dämmerung ragen die Gestalten der wandernden Sänger auf, die Barden, die von Ort zu Ort zogen, Geschichten zu singen und zu sagen. Jedes alte Kulturvolk hatte seine eigenen Märchen und wandernden Erzähler. Seltsamerweise finden sich bei den Eskimos, den Indianern, Negern, Asiaten wie bei den Europäern viele ähnliche Bilder und Figuren. Es ist, wie der deutsche

Kulturhistoriker Hermann Grimm, der Sohn des Märchensammlers, in einer Betrachtung über Märchen sagte: dass in ihnen der Inhalt «...der grossen Weltgeschichte in den ältesten Zeiten» zu finden sei. Die Märchen sind Überreste eines in die Vorzeit hinaufreichenden Glaubens, im Bilde seelisch-geistiges Erleben mitzuteilen. Jakob Grimm, der Märchensammler, sagte hierzu: «Niemals ist das Heidentum aus der Luft herabgefallen; es wurde undenkliche Zeiten hindurch von der Überlieferung fortgetragen; zuletzt aber beruhen muss es auf geheimnisvoller Offenbarung.» Grimm legt hier den Märchen einen religiösen Ursprung bei.

Wer waren nun die Barden und fahrenden Erzähler, die damals von Ort zu Ort zogen, in Norwegen, in Mittel- und Westeuropa, bis hinunter ins alte Griechenland? Sie erhellten das dumpfe Jäger- und Landleben der Volksstämme mit Bildern und mythischen Erzählungen. Die Barden wurden als ein angesehener Stand verehrt. Männer von Rang liessen sich aufnehmen. Sehr oft waren es Wanderpriester. Wo ein Barde auftauchte, versammelte sich die Dorfgemeinschaft. Die Bewohner entlegener Höfe strömten herbei; denn es war oft die einzige Kunde, die diesen Menschen das Jahr durch zukam. Ausser dem Stand der Barden, die öfters auch als Berater der Heerführer und Könige beigezogen wurden, gab es vor allem in nordischen Ländern die Skalden. Das waren Dichter und Sänger, die weniger als ein besonderer Stand in Erscheinung traten, vielmehr aus ihrer von Begeisterung ergriffenen Seele «sangen und sagten». In späteren Zeiten sollen auch hier vornehmlich Priester das Skaldentum gepflegt haben.

Letzte Überreste des Bardentums traf der finnische Arzt und Sagensammler Lönnrot noch im Jahre 1830 in entlegenen Gegenden Finnlands. Er schildert, wie sich die Dorfschaft beim Einnachten draussen auf einem Hügel zusammenfand, Krüge mit einem Getränk aus Getreide wurden bereitgestellt, ein Feuer angezündet. Wie die sinkende Sonne den Horizont berührte, setzte sich der greise Sänger dem jugendlichen gegenüber und begann halb sprechend, halb singend Sagen und Mären der Kalewala zu künden. Die beiden hatten gegenseitig die Hände ineinander verflochten und wiegten im Rhythmus des Singens hin und her. Stundenlang, mit kleinen Trink-Zwischenpausen, sangen sie auf diese Weise. Obenher glänzten die Sommersterne; ins Feuer wurde gelegentlich ein Scheit Holz zugegeben. Die Dorfgemeinschaft sass und lag um die Sänger herum und lauschte die ganze Nacht hindurch. Erst als die Sonne sich wieder erhob, verstummten die Barden.

Lönnrot hat dann in jahrelanger Hingabe an diese

versinkende Welt die Sagen und Märchen der Finnen unter dem Namen Kalewala niedergeschrieben, die er aus dem Munde dieser letzten Barden des Nordens empfangen hatte.

Etwas wie religiöse Ehrfurcht waltete von jeher um Sagen und Märchen aller Völker. Fast pendantisch streng wachten einige von den Gebrüdern Grimm noch angetroffene Erzähler als letzte Ausläufer darüber, dass die Texte unverändert und wortgetreu weitergegeben würden. Sie waren alle erfüllt davon, dass in ihnen ein geistiges Gut bewahrt und verwaltet werde, das den Menschen nicht verloren gehen dürfe. So möchten wir uns im nächsten Kapitel mit dem tieferen Sinn und Gehalt der Märchen etwas befassen.

## SINNDEUTUNG UND TIEFERER GEHALT

Wenn wir bedenken, was denn allen Märchen gemeinsam ist, so fällt uns auf, dass fast ein jedes mit der Schilderung einer harmonischen Situation beginnt, die zerstört wurde. «Es war einmal eine gute Königin...» «Es war einmal ein schönes Schloss...» – «Es waren einmal zwei Kinder, die lebten bei Vater und Mutter in ihrem

Häuschen am Walde…» Noch kann die Prinzessin mit dem goldenen Ball spielen, die Märchenkinder wohnen bei Vater und Mutter, Hans im Glück trägt seinen Goldklumpen durch die Welt. Es ist goldenes Zeitalter, paradiesische Stimmung, «die gute alte Zeit», mit der fast jede Märchenerzählung beginnt. Bald aber kommen Anfechtungen, Menschen werden schuldig, das einstige Glück wird zerstört, die «Austreibung» findet statt. Ist es nicht genau dasselbe, was jedes aufwachsende Kind innerlich und später äusserlich durchmachen muss? Aus geborgener, mütterlicher Umhüllung, Behütetsein, der Schritt in die Welt? Nun greifen im Märchen die Masken des Bösen ein: Lüge, Bosheit, Stolz, Feigheit, Dumpfheit, Gier und Geiz, die ganze Hexenhaftigkeit! Die Märchengestalten geraten in Verstrickung, in die Irre, in Niederungen. Heimatlos irrt der ausgestossene Märchenmensch umher. Hier gerät er in den finstern Wald; dort ist er Gefangener im steinernen Turme, sitzt in der Asche, im Elend, verfällt in unerweckbaren Schlaf oder wird gar zu Stein. Das Gold geht verloren. Gift und Tod greifen ein. Schneewittchen liegt im Sarge. Es scheint, das Böse, die Finsternis wird siegen. In die Düsternis und Verlorenheit aber dringen Zeichen kommender Hilfe und steigern die Erwartung zur grossen Wende. Ja sie tauchen auf, die Boten des Guten, des Mutes, der Überwindung, der Selbstlosigkeit und

Hingabe. Schon jubelt die Hoffnung erwarteter Erlösung: Das Gute muss siegen! Die Auferstehung aus dem Elend wird im Märchen dadurch vollzogen, dass der Prinz oder ein anderer Überwinder kommt, Repräsentant aller guten menschlichen Kräfte. Diese Helfer aus der Not sind ausgestattet mit dem, was man die christlichen Tugenden nennen kann: Demut, Tapferkeit, Liebe, Wahrhaftigkeit, Hingabe und Opferkraft. Sie sind vervielfältigtes Bild des Erlösers, der die grosse Wende bringt.

Die hier skizzierte Bildfolge und Dramatik des Märchens gibt dem Kinde und seinem Phantasieleben einen moralischen Antrieb, der nicht hoch genug zu wertschätzen ist. Was ihm später das Leben in harten Wirklichkeiten bringen wird, das lebt es mitempfindend, mitleidend, mitfreuend voraus in den ihm so innig verbundenen Märchengestalten. Es identifiziert sich ganz mit ihnen: ihr Leid ist sein Leid, ihre Tränen seine Tränen, ihr Glück sein Glück. Jede gute Regung wird belohnt, Schlechtigkeit bestraft. Dies geht wie ein moralischer Atem durch all diese Geschehnisse und hilft dermassen schon früh, auf einer zarten Seelenstufe die Moralität im Kinde zu begründen und zu festigen, wo hundert Ermahnungen wenig fruchten. Wenn das Kind erlebt, wie Böses einbrechen kann, wenn Bangigkeit sein Gemüt zutiefst berührt, so erlebt es um so intensiver das Eingreifen allwaltender

Gerechtigkeit. Dies sind charakterbildende Kräfte! Das öftere Anhören (oder spätere Lesen) von Märchen taucht das kindliche Innenwesen auf einer Stufe in jenen einprägenden Bereich einer göttlich geordneten inneren Welt, wo das Kind durch Bilder eben noch bildbar ist. Das erkannten die Gebrüder Grimm sehr wohl: «…Kindermärchen werden erzählt, damit in ihrem reinen und milden Licht die ersten Gedanken und Kräfte des Herzens aufwachen und wachsen.»

Nicht verständlich ist, wie gelegentlich heute noch aus religiös sein wollenden Kreisen gegen die Welt der Märchen eine gewisse Abneigung herrscht. Das moralische Weltbild des Märchens hat echte religiöse Kraft, die die Seele empfänglich macht für Dinge der Ehrfurcht, der Begnadung. Willenskräfte werden entzündet im Streben zum Guten. Von hier aus kann das in Sagen und Märchen gegründete vorchristliche Leben der Völker als eine Gemütsvorbereitung auf das Christentum gesehen werden, denn was ist zum Beispiel das Gleichnis vom verlorenen Sohne andres als die Grundkonzeption aller Märchen? Durch Irrfahrten, Abwege und Niederungen hindurch zur Läuterung, zum Wiederfinden des verlorenen Vaterhauses!

Neben uralten, vorchristlich überlieferten Märchen gibt es daneben einen weiten Kreis von Märchen und Legenden aus christlicher Zeit. Und hat nicht auch Christus zur Belehrung des einfachen Volkes Bild und Gleichnis verwendet? – Bei tieferer Betrachtung sind die Märchen nicht mehr bloss niedliche Phantasiegebilde zur Unterhaltung in Kinderstuben: sie sind Bausteine der Menschenseele. Wer als Kind an Märchen darben muss, wird zu früh altklug in äusserlichen Realismus gezerrt. Sein Gemütsleben, seine Phantasie wird nicht den innern Reichtum in sich tragen als Nährboden für ein harmonisch-frohes Dasein, das Kinder aufweisen, die zu gegebener Zeit in der Welt der Märchen atmeten. Wessen Ohr und Auge von Mutters, von Vaters Lippen, aus Mund und Miene der Lehrerin, der Kindergärtnerin beschenkt wurde, der trägt als zeitloses Geschenk in sich: die gemütbildenden Bilder der Märchenwelt.

Einen Vorbehalt wollen wir hier anbringen: Es gibt auch bei Grimm Märchen, die nicht für alle Kinder jeden Alters gleich geeignet sind, und entscheidend wichtig ist vor allem das Wie des Märchenerzählens. Davon in einem späteren Kapitel.

# DAS MÄRCHEN VON HÄNSEL UND GRETEL

Die Erzählung von den beiden Geschwistern, die die Geborgenheit des Elternhauses verlassen müssen, gehört für die Märchenjugend immer wieder zu dem ganz tief sie Ergreifenden. Sie ahnen ein Stück ihres eigenen Schicksals vor.

Ist die Geburt das körperliche Ausgestossen-Werden in den irdischen Raum, so befreit sich das Kind später nach und nach von der Mutter Arm. Lange noch sucht es immer wieder die Hand der Eltern, die es geleitet, führt, streichelt und tröstet. Bis gegen das siebente Jahr findet eine stufenweise seelische Ablösung aus dem «Elternreich» statt. Es ist ein immer freier Werden aus dem Bereich absoluter Nachahmung. Das Kind soll ja Eigenwesen werden und nicht blosser Abklatsch der Eltern. So beginnt es, «der Eltern Spur» zu verlieren; es findet sich mehr und mehr auf sich selbst gestellt. Dieses Loslösen zeigt der erste Teil von «Hänsel und Gretel». Die Kinder werden von den Eltern in den Wald «ins Leben» gebracht, und sie finden zunächst den Rückweg. (Im Märchen im Bilde der weissen Steinchen, die Hänsel streut.) Später aber verlieren sie die

Spur völlig, und sie sind den Einsamkeiten und Gefahren des Waldes (des Lebens) ausgesetzt. Versuchung tritt an sie heran (Zuckerhäuschen). Eine Welt des süssen Scheines bietet sich an, darin verborgen die Hexe haust. Wie sie wunscherfüllt am trügerischen Scheine knabbern, geraten sie in die Fänge der Hexe, des Bösen. Sie müssen ihm dienen. – So wird in der kindlichen Entwicklung, nach notwendigen Gesetzen, die lichte Unbeschwertheit des ersten Jahrsiebents hinweggenommen. Ein jedes muss mit dem irdisch Verdunkelten und Missgestalteten leben lernen. Hänsel (der Denkende), wird ins verengte Gittergemach gesteckt; Gretel (die fühlende Seelenkraft) sollte, allen Regungen der Hexe Folge leisten. In Dienst und Gefangenschaft des Bösen wächst nach und nach die Kraft und der Wille, dieses zu überwinden. Wie auch die Hexe plant, alles menschliche «aufzufressen», sie kann nach Erfahrung und Leiden überwunden und zernichtet werden.

Erdulden des Schicksals, wachwerden des inneren Mutes, der zur Tat schreitet, zeigt uns der weitere Verlauf in «Hänsel und Gretel». Die Antipathie gegenüber dem Bösen (Hexe), das tiefe Bangen um das Schicksal der Geschwister und die erlösende Freude über die gelungene Befreiung bringen alle Seelenkräfte, alle inneren Saiten der zuhörenden Kinder in reges Mitschwingen. Ihre Seelen erleben Erschütterungen und Freuden zum voraus, die ihnen die eigene Zukunft bringen wird. Ist es nicht poesievolle frühe Lebenskunde, die ihnen da zuteil wird? In ihrer Phantasiewelt erproben sie Mut, Ausdauer, Treue und Liebe zum Guten, deren sie später bedürfen. Im Erleben solch innerer Dramatik erstarkt die Kinderseele. Das Märchen wird zur Etüde der Seelenkräfte, des Charakters. Wenn man heute mit Recht darauf bedacht ist, die Jugend in frischer Luft durch Spiel und Turnen körperlich zu ertüchtigen, so muss man hinzuerkennen, dass sie ebenso nach innen gesunder seelischer Luft bedarf, der Dynamik und Bewegung der innern Kräfte. Das alles ist gerade in der Welt der Märchen reichlich zu finden. Jahrhunderte, Jahrtausende lang haben sie an der innern Bildung und Erziehung des Gemütes auf stillen Wegen gewirkt.

Wie die Hexe überwunden ist, was finden die Kinder im Häuschen? Gold und verborgene Kostbarkeiten. Das weisse Entlein trägt sie zurück ins Elternhaus. Der Kreis des verlorenen Sohnes, der verlorenen Kinder ist geschlossen. Die Heimat ist wiedergefunden. Die Seele atmet wieder Harmonie.

## WIE SOLL MAN MÄRCHEN ERZÄHLEN?

Besorgte Mütter fragen oft: «Können Märchen nicht in Kindern Angst und Furcht erregen, die sie weiterhin beunruhigen?» Wir antworten darauf: ja und nein!

Hier kommt es nun sehr auf das Wie des Erzählens an. Gewiss, die Märchen kennen Furcht und seelische Erschütterung als Wirkungen der Finsternis. Werden Sie durch den Erzähler zu sehr betont oder gar ausgeweidet, so dass die Schatten sich mit dem Verlauf der Geschichte nicht wieder voll durchlichten, bleibt ein nicht gelöstes Problem zurück. Das gleiche geschieht, wenn aus Unverständnis kleinen Kindern mit dem «Bösen Mann» oder dem «schwarzen Mann» gedroht wird, der sie hole, wenn sie nicht brav seien. Wie herrlich ist doch das Kinderspiel «Vom schwarzen Mann», der die Kinder haschen will und der als Fangemann ruft: «Was wollt ihr machen, wenn der schwarze Mann kommt?» Und jubelnd antwortet die Schar: «Ausreissen und fliehen!» Wie hier im Spiel «das Böse» überspielt wird, so auch im Märchen, wenn es richtig erzählt wird. Besonders zart sein wollende Pädagogen vermerken sauer, dass im Märchen Grausamkeiten vorkommen, die man Kindern nicht erzählen sollte. Hier wird eine Hexe verbrannt; die böse Königin muss in glühenden Schuhen tanzen; dem Wolf wird der aufgeschnittene Bauch mit Steinen gefüllt usw. Wenn man näher auf diese und andere «grausame Bilder» hinschaut, so erkennt man, dass es hier immer um «Masken des Bösen» geht, die verbrannt und überwunden werden. Es ist das Bild der Ruchlosigkeit, das in glühenden Schuhen sich ad absurdum tanzen muss. Im Erzählen dürfen solche Bildgeschehnisse nicht naturalistisch ausgemalt werden, als ob es sich um Menschen von Fleisch und Blut handelte. Es sind Figuren des Bösen, Geschöpfe und Masken der Finsternis, die überwunden und zernichtet werden. Sie ins Realistische zu zerren, wäre ein völliges Missverstehen des Märchens. Sie müssen Bild in der Folge der Bilder bleiben; dann aber ist die Wirkung ihrer Vernichtung (des Bösen) nicht schreckbar, sondern ungemein befreiend für das Kind, das innerlich und oft auch äusserlich befreit aufjubelt, wenn das Böse bestraft wird. Solche Erlebnisse stärken den moralischen Grundgehalt des Charakters.

Eine kleine Anzahl Märchen gibt es auch bei Grimm, die gruslig sind. Zum Beispiel «Von einem der auszog das Fürchten zu lernen». Das würde ich keinem kleineren Kinde erzählen; aber vielleicht so 11–12jährigen Buben oder Mädchen, die den nötigen Humor für «auch einmal eine Schauergeschichte» haben. Dieses Alter liebt ja das Unheimliche, Abenteuerliche und lässt sich gerne gelegentlich durch stärkere Kost beeindrucken.

Märchenerzählen fordert vom Erzähler Verantwortung dem Kinde gegenüber. Er muss spüren, dass er durch weitgeöffnete Tore in eine junge Seele tief hineinwirkt durch sein Wort. Was von Herzen kommt, wird zu Herzen gehen. Streng sollte vermieden werden, den Märchen jene sensationelle Kriminalstimmung zu geben, die wir an gewissen modernen Kinder-Märchenfilmen und illustrierten Comics ablehnen müssen. Märchen sollten nicht als bloss unterhaltender Zeitvertreib hergeplätschert werden. Man achte auf den schlicht und warm fliessenden Märchenton bei den Gebrüdern Grimm und versuche, diesen für die Kinder in Mundart oder Schriftsprache hineinzugestalten.

Es sei hier eine Stelle aus einem Schweizer Mundartmärchen angeführt, die zeigt, wie ein schreckbares Geschehen bei einer «Erlösung» geschildert und besänftigt wird: Im Zauberhauch der Märchenwelt lebt und webt der Duft und Glanz der Naturschönheiten. Landschaft und Naturbilder werden, wie bei den grossen Dichtern, als Stimmungsbilder für seelische Vorgänge verwendet.

«...Und mit däm isch der Geist verschwunde, grad wienes wysses Wülchli, wo d'Sunne dra schynt. Im glyche-n-Ougeblick het's e Chlapf ta, wie a's d'Wält well zämegheie, vom ente-n-Aend zum andere, und s'schlosset und haglet und wätteret und hurniglet, me hätt chönne meine, 's well alls i Grundärdebode-n-ine verschloh. Derno isch's still worde. Die Prinzen und das Prinzässli hei sich sälber ghöre schnufe. Ufsmol hei die Chönigschinder über sich die leschte Stärne gseh glänze wyt am blaue Himel obe. Zäntume-n-aber het en grüene Wald mit höche Stämme-n-im Morgetau ne-n-entgege zwitzeret, und dür sydigi Wülchli het d'Morgesunne-n-afo über d'Berge schimmere... und ufsmol sy si zmitts ufere Matte gstande, voll vo saftige Gresli und Bluemedobe-n-uf der schöne Aerde.»

In dem zauberhaften deutschen Märchen «Jorinde und Joringel» gibt die wehmütig abendliche Waldstimmung den Hintergrund für das folgende unheimliche Geschehen: «Es war ein schöner Abend, die Sonne schien zwischen den Stämmen der Bäume hell ins dunkle Grün des Waldes, und die Turteltaube sang kläglich auf den alten Maibuchen.

Jorinde weinte zuweilen, setzte sich hin im Sonnenschein und klagte. Joringel klagte auch. Sie waren so bestürzt, als wenn sie hätten sterben sollen. Sie sahen sich um, waren irre und wussten nicht, wohin sie nach Hause gehen sollten. Noch halb stand die Sonne über dem Berg, und halb war sie unter. Joringel sah durchs Gebüsch und sah die alte Mauer des Schlosses nah bei sich. Er erschrak und wurde totbang. Jorinde sang:

«Mein Vöglein mit dem Ringlein rot
singt Leide, Leide, Leide:
Es singt dem Täublein seinen Tod,
singt Leide, Lei- ziküth, ziküth, ziküth.»

Wer öfters solche Sprache aufnimmt, dessen Sprachsinn wird an der Wurzel begossen.

Es gibt sensiblere und robustere Kinder. Durch Märchenerzählen können die allzu sensiblen seelisch gekräftigt, die Dickhäuter aber innerlich feiner und weicher gestimmt werden. Dasselbe Märchen kann für verschieden geartete Kinder auch verschieden gestaltet werden. Eine Lehrerin wird einer betonten Mädchenklasse etwas anders erzählen, als einer kecken Bubenschar, eine Mutter ihrem melancholischen Zärtling anders als dem aufbrausenden Zornhans. Das vorschulpflichtige Kind ist ja noch ganz abhängig vom erzählten Märchen. Werden sie ihm richtig vermittelt, wird es sie später auch richtig lesen, nämlich aus jener echten Märchenstimmung, die aus dem Staunen geboren ist. Kinder die noch staunen können, werden sich allem, was sie in späteren Jahren zu lernen haben, viel innerlicher verbinden und nicht an einem einseitigen Kopfwissen, an der Intellektitis langsam veröden. Aufnehmen von Märchen von der Märchenplatte stammt aus der Sphäre leerer Hülsen. Ihr mangelt das echt Menschliche, das Zweisame von Erzähler und Kind, die gemütvoll gebend und nehmend ineinandertauchen. Bild der Zeit: Mutter vertieft sich im Fauteuil in die Illustrierte, nebenan lauschen die Kinder der Märchenplatte. Es gibt heute europäische Städte, wo die Kinder die Märchen auch mit einer Nummer am Telefonapparat einstellen können. Steine statt Brot. Eltern, lasst euch das Schönste im Kinderleben nicht wegnehmen: erzählt euren Kindern Märchen und Geschichten! In den warmen und starken Erinnerungen der später erwachsenen Kinder wird mitklingen: meine Eltern haben mir immer wieder Geschichten erzählt! Wieviel stärkere Bande der Liebe werden da gefestigt, als durch vieles, was man heute an Verwöhnung glaubt, den Kindern schuldig zu sein!

# DIE WEISHEIT VON DEMUT UND DIENEN,
## VON WÜNSCHEN UND VERZICHTEN

Dass die Märchen in tiefe Weisheitsgründe des Menschlichen reichen und sie mit schlichten Worten und Bildern an die Oberfläche heraufbringen, das ist durch viele Märchenforscher in überzeugender Weise gerade in den letzten Jahrzehnten bestätigt und dargestellt worden[1]). Daher kommt auch das tief befriedigende, beseligende Gefühl der Kinder, die Märchen hören. Sie fühlen sich in einen Weisheits- und Schicksalsstrom von Leben und Welt aufgenommen. Es sind die verborgenen Klänge ordnender Harmonie des Geistes, die durch alle Dissonanzen als Wegetappen führen und dann wieder zu Befriedigung und zum Lichte geleiten.

Zu den einprägsamsten erzieherischen Bildern der Märchen gehört der Dienende. In welche Niederungen, Hass und Demütigungen wird Aschenputtel verstossen! In

---

[1]) Rud. Meyer: Die Weisheit der deutschen Volksmärchen (Stuttgart 1981)
   F. Eymann: Die Weisheit der Märchen im Spiegel der Geisteswissenschaft Rudolf Steiners (Basel 1980)
   Friedel Lenz: Bildsprache der Märchen (Stuttgart 1980)
   Rud. Geiger: Märchenkunde (Stuttgart 1982)

völliger Selbstverleugnung erträgt es die Bosheits-Attakken seiner Stiefmutter, seiner Stiefschwestern. Es schafft sich durch all die harten Prüfungen jene «Seelenkleider» licht und sterndurchwoben, die es vom weissen Vöglein, vom Lebensbaum herab auf dem Grabe der Mutter empfängt. Mit ihnen findet es Eingang ins Königsschloss, in die Welt des geadelten Geistes. Und es wird würdig befunden, des Königs Braut zu werden.

Im Märchen *Vom Fischer und syner Fru* schildert das Märchen das Wunschleben des Menschen, das ungenügsam zu immer grösseren Ansprüchen sich auswächst. Zuerst wünscht die arme Fischerfrau sich ein Häuschen mit Garten. Bald muss es ein Schloss, ein Palast sein mit Bedienten und Kutschen. Doch das blosse Wunschleben sieht immer auf das, was man noch nicht hat: König will sie nun werden, Kaiser, Papst... und zuletzt der liebe Gott! Hochmut und Wahn stürzen zusammen. Sie wird wieder bettelarme Fischersfrau. Ihre Wunschgier geht zunichte. Grandios sind zwischenhinein die Schilderungen des Meeres, als Abbild des objektiven Weltgewissens, das in Stürmen sich gegen den unersättlichen Besitz- und Machtdrang empört.

Ein Märchen, worin Demut und Hochmut in einem dramatisiert sind, ist *«Frau Holle»*. Die hilfsbereite, dienende Seele (Goldmarie) hört überall an ihrem «Lebenswege» die Stimmen der Not und bringt tätige Hilfe. Ihr ist gegenübergestellt die überhebliche und faule Seele, die nur ihre eigene Bequemlichkeit kennt und an den Aufgaben, die das Leben, das Schicksal ihr stellt, vorbeigeht. Sie wird zur Pechmarie. Wie tief können sich solche Seelentypen in Kinder einprägen, so dass sie auch im Spiel, nach Anhören eines solchen Märchens für lange Zeit immer wieder diese Gestalten verkörpern wollen.

Ein besonderer Kauz ist Hans im Glück. Ihm eignet eine umgekehrte Wunschrichtung als bei «Fischers Fru». Seine Wünsche richten sich nach immer bescheideneren Dingen. Er trägt den Goldklumpen durch die Welt, tauscht ihn für ein Pferd. Im weiteren Austausch kommt er zu einer Kuh, dann zum Schwein, zur Gans, zu den Schleifsteinen. Und wie er am klaren Brunnen Wasser trinkt, plumpsen sie ihm in die Tiefe. Er hat nichts mehr von seinem früheren Besitz. Und da «kniete er nieder und dankte Gott mit Tränen in den Augen, dass er ihm auch diese Gnade noch erwiesen hat und ihn auf so gute Art… von den schweren Steinen befreit hätte». Als freier und von Besitz unbelasteter Mensch findet er zurück in der Mutter Haus.

Innerlich sich frei machen können von irdischem Besitz zur Erlangung wahrer Freiheit, das zeigt uns Hans im Glück.

## MÄRCHEN VOM LÜGEN UND ANDERN UNARTEN

Das vorschulpflichtige Kind ist am lenkbarsten durch Vorbilder. Gewohnheiten und Sprechweise seiner Umgebung werden nachgeahmt. Unarten, Kraftausdrücke, die es bei andern Kindern wahrnimmt, machen oft nachhaltigen Eindruck, und es versucht sie nachzuahmen. Vom dritten und vierten Altersjahr gewinnt es nach und nach ein gewisses Unterscheidungsvermögen zwischen seinem Empfinden und der äusseren Wirklichkeit. Wenn es in diesem Alter eine Süssigkeit nascht und hinterher erklärt, nichts genommen zu haben, so sehen wir sein Denken noch ganz an sein Wünschen gebunden. Wir dürfen daraus kein moralisches Problem machen. Es sollte jedoch vor dem siebenten Jahre lernen, sich an die jeweilige Wirklichkeit zu halten, weil ansonst für später in seinem Wahrheitsempfinden eine gewisse Labilität bleiben kann. Ein Mittel, das moralische Empfinden für Wahrhaftigkeit zu wecken, sind in diesem Alter gewisse Märchenbilder. (Nicht Illustrationen sind hier gemeint, sondern jene inneren Bilder, welche durch das Erzählen-hören im Kinde selber entstehen.) So gibt es in einem Märchen zum

Beispiel Figuren, wo einem, der lügt, Frösche zum Munde herausspringen. Einem andern hat sich die Zunge gespalten.

Auf seine Weise versuchte im letzten Jahrhundert der Arz Heinrich Hoffmann mit dem Struwwelpeter-Buch Unarten seiner Kinder zu bekämpfen: Das Kind, das nach Streichhölzern greift, muss lebendigen Leibes verbrennen. Dem Daumenlutscher wird mit einer grossen Schere der Daumen abgezwackt. Wer nicht Suppe isst, kommt, zum Gerippe abgemagert, ins frühe Grab. Trotz der guten Absicht Hoffmanns, würde ich das Struwwelpeterbuch Kindern vor dem 7. Jahre nicht in die Hand geben, weil die Beispiele zu massiv-grotesk sind und kleinere Kinder brutal ängstigen und unfrei machen können. Es fehlt diesen Bildern der überlegene Humor, der sie erträglich machen würde. Eine Ausnahme bildet der Zappelphilipp Hoffmanns, der auf dem Stuhle stets schaukelt und schliesslich das Tischtuch mitsamt dem Geschirr auf den Stubenboden beschert. Das ist eines der wenigen guten Korrekturbilder des Struwwelpeters.

Grundsätzlich geht Hoffmann von der absolut richtigen Erfahrung aus, dass man Unarten der Kleinen mit Korrekturgeschichten meistens viel besser wegbringen kann als mit hundert elterlichen Erklärungen und Ermahnungen. Eine sehr schöne und illustrierte Korrekturgeschichte

Heinrich Hoffmanns ist «Prinz Grünewald und Perlenfein» in den Atlantis-Kinderbüchern erschienen. Da wird ein unartiger Plaggeist (Prinz Grünewald) so «behandelt», dass er eine Wandlung zum Guten durchmacht.

Die Grimm'schen Märchen sind ja auf Schritt und Tritt mit solchen Korrekturbildern durchwoben. Eines, worin das Lügen besonders hergenommen ist, möchten wir etwas näher betrachten. Es ist das *Marienkind*. Da wird erzählt, wie das Marienkind im Himmelshaus unter Engeln wohnen durfte. Zufolge einer Lüge, Verheimlichung einer Übeltat, fällt es vom Himmel herunter auf die Erde in ein Walddickicht, wo Dornen es zerstechen. Es hat zur Strafe auch die Sprache verloren und muss nun hier in Einsamkeit und Entbehrungen, im Elend hausen. Hier findet nach Jahren ein Königssohn die schöne, stumme Büsserin und führt sie als Braut heim. Aber jedes Kind, das sie gebiert, wird ihr genommen, da sie immer noch in der Lüge verharrt. Die Tragödie findet ergreifende Steigerung. Marienkind findet zur Wahrheit zurück.

Wenn am andern Tage, nachdem das Kind über eine solche Erzählung geschlafen hat, in zarter Weise etwas vom Gang der Handlung ins Bewusstsein gehoben werden kann, ohne in ein Moralisieren zu verfallen, so wird die Wirkung noch vertieft. Ein solch grosses und kräftiges Märchen sollte einige Zeit nachschwingen können. Wenn das Kind etwa gar mit Bunststiften davon verschiedene Zeichnungen verfertigt, so ist dies die schönste «Nachbehandlung».

Besonders wirksam aber wäre, wenn Eltern aus ihrer Phantasie heraus selber märchenhafte Geschichten erfinden würden, worin sich das Kind mit seinen Unarten wiedererkennen kann. Es kann die gleiche oder eine ähnliche Geschichte wiederholt erzählt werden. Hier gilt ja der Grundsatz: Gleiches mit Gleichem konfrontieren. Wenn zum Beispiel ein Kind sehr jähzornig ist, kann man ihm eine ganze Geschichtenfolge vom zornigen Fritz erzählen, mit saftigen Bildern schildern, wie er wütet und zerschlägt, aber dann sachte dem Fritz Gelegenheit geben, wieder gut zu machen, was er verbrochen. Oder man erzähle vom naschhaften Kaspar, wie er immer längere Finger bekam, vom Küchenstuhl fiel, als er zum Naschen daraufstand, das Bein brach usw. oder von der Trine, die immer schlecken wollte, deren Zunge so gross wurde, dass sie nicht mehr im Munde Platz hatte, bis nach ihrer Bekehrung das Waldzwerglein ihr das Zungenwurz-Kräutlein zeigte, so dass sie wieder menschlich sprechen konnte und ihre Zunge wieder kleiner wurde. Mit etwas Humor kann man auch die Geschichte vom vergessenen Zahnbürstchen erzählen, das einsam und traurig in seinem Glase sitzen musste, weil Lieschen es vergass. Vor Durst werden seine Borsten spröde, doch kann es sein Leid dem Sandmännlein erzählen, das nachts durchs Haus geht. Sandmännlein flüstert nun drei Nächte nacheinander dem Lieschen ins Ohr: «Putz deine Zähnchen, sonst kriegen sie ein schwarzes Gewändchen!» Und von da an hat Lieschen das Zähneputzen nicht mehr vergessen.

Im Folgenden soll nun ein etwas ausführlicheres Lügenmärchen erzählt werden, das sich nicht bei Grimm findet, das aber ein Beispiel geben möchte, wie gegen das siebente Jahr erzählt werden könnte, wenn Kinder Mühe mit dem Wahrheitsempfinden haben.

### DIE ZIPFELMÜTZE VON FRANZ
*(Ein Lüge-Korrekturmärchen des Verfassers)*

Es war einmal ein kleiner Knabe mit Namen Franz, dem hatte seine Mutter zu Weihnachten eine dunkelrote Zipfelmütze gestrickt mit einem weissen Streifen darin. Er freute sich jeden Tag, sie draussen in der Winterkälte recht fest über die Ohren zu ziehen. Wie Franz eines Tages schlittelte, trat Karl zu ihm und zog aus der Rocktasche eine Tafel Schokolade. Als er sich eben ein Stück davon abbrach und zum Munde führte, bemerkte Franz, dass ganz dicke Haselnüsse darin sassen. Haselnußschokolade ass er fürs Leben gern; aber auf seine Bitte hin weigerte sich Karl, ihm davon zu geben. Karl trug eine alte, graue und verschmutzte Mütze. Wie Franz so ganz nahe vor ihm stand, heftete Karl seine Augen auf dessen neue, dunkelrote Mütze mit den weissen Streifen darin. Plötzlich streckte er Franz die angebrochene Tafel Haselnussschokolade hin und sprach: «Franz, du kannst all meine Schokolade bekommen, wenn du mir dafür deine Mütze gibst.» Franz sah nur die hellbraune Schokolade, deren Geruch eben in seine Nase strömte, riss die Zipfelmütze vom Kopfe und tauschte sie für das Begehrte. Er ass und schleckte und ass und schleckte den Mund, bis nur das Papier der Verpackung in seinen Händen blieb. Bedächtig zerknüllte er es und steckte es in die Tasche seiner Jacke.

Mittlerweile hatte sich Karl rasch die dunkelrote Zipfelmütze über den Kopf gezogen, sich auf den Schlitten gesetzt, und bald fuhr er weit unten hügelab. Franz schaute ihm nach und sah seine Mütze immer kleiner und kleiner werden, bis sie als winzig rotes Tüpfchen zwischen den Häusern des Dorfes verschwand. Einen Augenblick bohrten seine Augen abwärts; aber der rote Punkt kam nicht wieder zum Vorschein. Aus den Zähnen sog er die letzte Süsse der Schokolade, setzte sich auf den Schlitten und fuhr auch abwärts. Hu, wie fror es ihn an die Ohren. Ganz bläulich liefen sie an vor Kälte, dass er sie immer wieder mit den Händen wärmen musste. Das Schlitteln konnte ihn nicht mehr erfreuen. Nachdem er eine Weile herumgestanden und mit dem Absatz seiner Schuhe einige Figuren in den Schnee gedrückt hatte, begab er sich zögernd auf den Heimweg. Aber – was sollte er der Mutter sagen? O, könnte er nur die Schokolade wieder ausspukken und seine Zipfelmütze aufsetzen! Aber das ging nicht an. Getan war eben nun getan.

Als er gegen ihr Häuschen kam, verlangsamten sich seine Schritte noch mehr, und immer wieder blieb er stehen; aber kein Karl kam, ihm das Mützchen zurückzubringen. Nun stellte er den Schlitten unter die Laube und lehnte sich an das aufgeschichtete Holz unter der Treppe. Wirr gingen die Gedanken durch seinen Kopf und die stete Frage: «Was soll ich Mutter sagen?» Wie er so überlegte und zögerte, hinaufzugehen, knackte es im Holz. Zwischen den Holzscheiten kroch wie eine Spinne ein kleiner Kobold hervor und setzte sich Franz auf die Schulter ganz dicht beim Ohre. Er selber hatte wohl das Knacken gehört, aber den Kobold nicht wahrgenommen; denn Kobolde sind unsichtbar und leicht wie Luft. Plötzlich war Franz, es flüstere jemand leise: «Sag doch der Mutter: ‹Ich habe meine rote Zipfelmütze verloren›!» – «Ach ja,

47

dachte Franz, das könnt ich ihr sagen.» Da war es Franz,
als ob ganz zart, wie aus seinem Herzen heraus, eine
andere Stimme bat: «Sage der Mutter, wie alles gewesen
ist. Lüge nicht!» Das böse Koböldchen aber kicherte:
«Willst du Schläge kriegen? Fortgegeben ist doch auch
verloren!» Jetzt gab Franz sich einen Ruck und stieg die
Treppe des Hauses hinauf. Wie er gegen die Haustüre
kam, fing er an zu heulen, stiess die Türe auf und
jammerte: «Mutter, ich habe meine dunkelrote Zipfelmütze verloren mit den... uh, uh,... mit den weissen
Streifen. Sie ist plötzlich von meinem Kopfe fortgeflogen,
als ich Schlitten fuhr.» Zuerst wollte die Mutter mit Franz
schimpfen; aber wie sie ihn so fest weinen sah, erbarmte sie
sich des armen Fränzchens und beschwichtigte: «Wir
wollen sie gleich suchen gehn!» Sie zog ihm die alte,
ausgetragene Kappe über den Kopf, die kaum mehr seine
Ohrenspitzen deckte, schlüpfte in den Wintermantel, zog
Schuhe an, und bald suchte sie mit Franz unten beim
Schlittenhügel in der Abenddämmerung nach der verlorenen Mütze. Schon waren alle Kinder heim ins Dorf
gegangen; die Zipfelmütze war nirgends zu finden. Franz
war elend zu Mute. Er wagte nicht mehr, der Mutter in die
Augen zu blicken, und doch konnte er nicht die Wahrheit
gestehen. Das Koböldchen war nämlich richtig hinter sein
Ohr gekrochen und regierte ihn nun. Nach langem Suchen

und Schneestapfen schritt die Mutter betrübt mit Franz heimwärts, und da er ganz stumm blieb, tröstete sie ihn: «Ich werde morgen im Dorfe auf dem Fundbüro nachfragen. Gewiss hat ein ehrlicher Finder die Zipfelmütze dorthingebracht.» Franz nickte. Das Koböldchen flüsterte: «Jaja, vielleicht hat Karl das Zipfelmützchen aufs Fundbüro gebracht, es gehört ja dir.»

Wie Franz am Abend im Bette lag und Mutter mit ihm betete, fuhr es ihm bald heiss bald kalt durch den Kopf. Er stockte, verdrehte Worte, und Mutter musste weiterhelfen. Sie strich ihm mit der Hand über die Stirne: «Bist müde, schlaf gut! Wenn wir die Zipfelmütze morgen nicht finden, strick ich dir eine neue.» Wie das Licht ausging und Franz im Finstern lag, konnte er lange nicht einschlafen, und dann ängstigten ihn böse Träume. Er sah ein riesiges Spinnennetz mit einer dicken Spinne, die sein rotes Zipfelmützchen festhielt. Immer wieder, wenn er die Hand ausstreckte, das Mützchen zu packen, fuhr sie mit giftig grünen Augen gegen ihn, dass er erschreckt zurückwich.

Als er am andern Morgen spät erwachte, schickte sich die Mutter eben an, ins Dorf einkaufen zu gehen. «Bis du gewaschen und angezogen bist, Franz, bin ich wohl zurück, und vielleicht bringe ich vom Fundbüro die Zipfelmütze wieder heim.» Einen Augenblick wollte sich Franz aufraffen, aus dem Bette springen, der Mutter alles gestehen, wie es war; aber der Kobold flüsterte ganz scharf: «Sei nicht dumm! Jetzt ist es zu spät!»

Im Dorfe stand ein grosses, steinernes Haus, zu dem eine breite Treppe hinaufführt: das Gemeindehaus mit dem Fundbüro. Mutter stieg die vielen Stufen aufwärts. Vergebens, niemand hatte das Gesuchte abgegeben. Mutter ging zum Bäcker. Wie sie am Dorfbrunnen vorbeikam, schlittelten hier einige Kinder. Unter ihnen gewahrte Mutter den Karl mit der roten Mütze. Rasch ging sie auf ihn zu: «Karl, hast du gestern diese Zipfelmütze draussen am Schlittenhügel gefunden?» Der Gefragte antwortete ganz keck: «Nein, die habe ich bei Franz eingetauscht für eine ganze Tafel Schokolade mit Haselnüssen!» und schon fuhr er mit seinem Schlitten auf und davon. Mutter war sprachlos. Sie musste sich am Brunnenrand aufstützen. Ihr Herz krampfte sich zusammen: Franz hatte sie angelogen! Sie heftete ihren Blick eine Weile auf den spitzen Eiszapfen, der an der Brunnenröhre niederhing. Tränen traten in ihre Augen. Nein, nicht das verlorene Mützchen schmerzte sie. Karl soll das Lügenmützchen behalten. Aber hatte sie nicht das Herz von ihrem Franz verloren? Sie löste die kaltgewordene Hand vom Brunnenrand und besorgte ihre Einkäufe. Als letztes kaufte sie schwarze Wolle, gerade soviel, als man für eine Mütze haben muss.

Niedergeschlagen kam sie nach Hause. Ja, sie hatte es

sich überlegt. Sie will Franz jetzt nicht weiter ausforschen. Er sollte aus sich selber die Wahrheit finden und ihr sagen. Stumm richtete sie das Frühstück. Nebenbei bemerkte sie: «Es war nichts auf dem Fundbüro.» Franz würgte das Brot hinunter und schwieg und guckte in seine Tasse Milch. Den ganzen Vormittag strich er um Mutter herum, wollte ihr überall helfen. Sie schickte ihn am Nachmittag mit der alten Mütze schlitteln, die seine Ohren nicht mehr deckte. Am Abend hatte sie die Hälfte der schwarzen Zipfelmütze gestrickt. Wie Franz heimkam fragte er: «Was strickst du da Schwarzes?» – «Für dich, die neue Zipfelmütze!» Franz erschrak. Er dachte bei sich: eine schwarze, eine kohlrabenschwarze!... und das Koböldchen kichert ihm in die Ohren: «Die passt doch auch zum weissen Schnee, hihihi!»

Wie Franz im Bette lag, reinigte die Mutter seine Jacke. In der Tasche fand sie die Schokoladenhülle. Es fuhr ihr ein Stich durchs Herz. Sie legte das verräterische Papier beiseite; dann strickte sie weiter an der schwarzen Zipfelmütze.

Vater war auswärts zur Arbeit gegangen. Er kam spät gegen Mitternacht heim. Mutter war aufgeblieben und hatte fort und fort gestrickt, und so ist auch die schwarze Zipfelmütze fertig geworden am selben Abend; aber Zipfel hatte sie noch keinen.

Franz schlief unruhig. Er hatte sich ganz fest vorgenommen, am nächsten Tage der Mutter alles zu gestehen. Heute fand er den Mut nicht dazu. Im Traume sah er eine riesige schwarze Zipfelmütze, darin steckten Haselnüsse. Ein Männchen kratzte diese heraus und warf sie ihm ins Gesicht, dass er fliehen musste. Aber, o weh, das Männchen verfolgte ihn; die Nüsse prasselten wie Steine auf seinen Rücken. Um schneller zu entkommen setzte sich Franz auf einen Schlitten und fuhr abwärts gegen den See. Doch der Kobold zog seine Beine lang und sprang mit Riesenschritten hinter ihm her. Der Schlitten sauste in den eiskalten See. Franz schrie im Traume laut auf. Die Mutter eilte an sein Bett. Der Knabe ist schweissgebadet und klammert sich an sie. «Was hast du, Franz?» – «Mutter, Mutter!» schluchzt er auf, «ich habe das rote Zipfelmützchen bei Karl für eine Tafel Schokolade eingetauscht. Ich habe dich belogen!» und nun weint und weint er in Mutters Arm. Mutter streicht ihn über die Haare, und da ist husch... der Kobold weggesprungen. Leise sagte sie: «Ich wusste alles, Franz. Ich habe Karl beim Dorfbrunnen getroffen. Darum musste ich ein trauriges, schwarzes Zipfelmützchen stricken. Weil du nun aber aus dir selbst die Wahrheit gesagt hast, kriegst du morgens ein weisses Zipfelchen dran. Und nun schlaf wieder ein!»

Am nächsten Tage schlittelte Franz mit dem schwarzen

Mützchen mit dem dicken schneeweissen Zipfel dran, und er hat es noch viel lieber bekommen als die rote und hätte sie nicht für einen ganzen Schokoladeberg hergegeben.

## MÄRCHEN UND ALTERSSTUFEN DER KINDHEIT

Für das kleine Kind von etwa drei bis fünf Jahren ist inneres und äusseres Erleben noch nicht eigentlich getrennt. Es hat die Gabe, die Umwelt mit Wesen seiner Phantasie zu bevölkern. Im Spiele wird ihm selber die Welt zum Märchenland. Es verklärt die nüchternsten Gegenstände. Der Stuhl wird ·zur Kutsche, und es jagt seine Luftschimmel mit hü und hott. Aus Sand und Brettern baut es Schlösser und Paläste, mit Silber, Gold und Edelstein geht es grosszügig um. Phantasiewelt und Wirklichkeit weben fortwährend ineinander. Was an Erlebnissen aus der äusseren Welt kommt, zum Beispiel ein Sturz von der Treppe oder das Pflücken von Schneeglöcklein wirkt nicht nachhaltiger als dasjenige, was ihm durch Erzählung ins Seeleninnere gesenkt sind. Innen und Aussen, Aussen und Innen ist eine Erlebniswelt. Ein Kleinkind kann die allerförderlichste Ernährung erhalten für seinen Leib, aber wenn sein Inneres nicht durch Liebe, die ihm zuströmt, erwärmt wird, darbt seine Seele, bleibt kalt. Wird sie nicht durch Wort und Bild angereichert, bleibt seine Phantasie leer; es wird auch später einfallsarm und ideenschwach bleiben. Wie im körperlichen, gibt es auch im seelischen Bereich des werdenden Kindes Aussaat, Verwandlung und spätere Reife: wie in jungen Jahren das Ackerfeld des Gemütes bestellt wird, weist die spätere Ernte als innere Kräfte des Moralischen, des Einfalls, der Lebensfreude und Positivität, oder eben deren Negationen. Auch hier gilt das Wort: wer da sät wird ernten!

Die Bilder und Ursymbole des Moralischen, wie wir sie im Märchen gefunden haben, sind nun gerade die dem Alter um das siebente Jahr gemässen, wichtigen Seelenkeimlinge, die das Kind in dieser Zeit bekommen sollte. Märchen vermögen seelische Stumpfheit aufzuwecken, aufzuhellen, die Interessen für später zu stärken, zu intensivieren. Wenn Kinder einen starken Bildhunger zeigen und immer wieder Geschichten und Märchen hören wollen, dann freut Euch Ihr Eltern! Die Stunden und Zeiten, die Ihr fürs Erzählen aufwendet, sind goldene Stunden. Sie tragen als Aufwecker menschlicher Innerlichkeit vielfältig Früchte. Zweifellos spielen sie auch eine wesentliche Rolle bei der Frühveranlagung des Denkvermögens. Der Erwachsene der Zivilisation des 20. Jahrhunderts ist versucht, Kinder möglichst frühzeitig mit technischen Problemen und Zusammenhängen vertraut zu machen. Damit die Kinder im technischen Zeitalter lebenstüchtig werden, so denken viele, müsse man möglichst früh einfache und später komplizierte technische Vorgänge lapidar lehrend an das Kind herantragen. Dieser Realismus hat besonders im westlichen Erziehungswesen eine starke Tendenz angenommen. Da wird Märchenphantasie völlig abgelehnt. Schon Vorschulkinder erhalten Bilderbücher mit den Themen was Daddy alles fixt: Vater flickt sein Velo, wäscht sein Auto, leimt den zerbrochenen Stuhl, bemalt die Zimmerwände, verschüttet Farbe und muss sie wieder aufputzen etc.

Eine Schweizer Kindergärtnerin begab sich für einige Zeit in einen Muster-Kindergarten nach New York, der nach «neuesten Prinzipien» geleitet wurde, wie man es ausdrückte: lebensnah! Kindliche Phantasie und ihre Bedürfnisse waren da völlig verpönt als unwirklich und weltfremd. Jedes Märchenerzählen war streng untersagt. Nur Umweltsgeschichten, verbrämt mit Tüchtigkeits- und Kameradschaftsmoral waren gestattet, neben bloss unterhaltenden humoristischen Erzählungen. Unsere Kindergärtnerin berichtete, wie diese Kleinen, die keine Gemütsbilder erhielten, in einer gewissen inneren Verwilderung sich gaben. Stets in lauter Betriebsamkeit gehalten, kamen sie zu keinem Lauschen, Sinnen und Träumen.

Damit die Kinder ganz perfekt erzählte Geschichten zu hören bekämen, wurden sie meistens durch den Plattenspieler vermittelt von hochgezüchteten Perfekt-Erzählerinnen. Die aufsichtsführende Kindergärtnerin hatte nur disziplinarische Pflichten; denn die Kinderschar war meist nur kurze Zeit willens, hinzuhören und wollte sich wieder dem lauten Kunterbunt übergeben. Einmal war die Leiterin für einen Tag abgemeldet. Da wagte es unsere Kindergärtnerin entgegen dem Verbot, ein Märchen zu erzählen und war tief beeindruckt, mit welchem Heisshunger die Kinder lauschten. Völlige Andacht und Stille, tiefe Hingabe lebte im Raume und eine nie dagewesene Aufmerksamkeit hielt an. Als sie nun gar ein Kreidolf Kinderbuch von den Wiesenzwergen hervornahm, ging ein frohes Entzücken durch die Kinder, die solches noch nie gehört und gesehen hatten. Am Nachmittag brachte sie den «Hansli im Heitiwald» in die Erzählstunde. Als alles in lautloser Stille dem Märchen lauschte, öffnete sich plötzlich die Türe und herein trat die Leiterin des Institutes. Entgeistert starrte sie auf die stille Schar und rief entsetzt: «Was ist hier los? Was tun Sie mit den armen Kindern? Grässlich, sie so stille zu bannen! Das ist höchst ungesund!» Die Märchenstunden waren für immer verbannt, und unsere Kindergärtnerin klopfte bald darauf den Staub von ihren Pantoffeln.

Es ist wirklich seltsam, welche Angst und welcher Hass gegen das innere Märchen- und Phantasieerleben in solch materialistisch deformierten Pädagogen herrschen kann, wofür diese Leiterin nur ein Beispiel ist. Kommt einem nicht Hänsel und Gretel in den Sinn, die in einem leckeren Scheine leben und innerlich gefangen und eingekerkert sind? oder Rapunzel, eingemauert im hohen Turm?

Aber auch in unsern Landen hat man oft den Eindruck, dass bis in die Erzieherkreise hinein der tiefe Wert des Märchens noch viel zu wenig erkannt ist. Hier ein Beispiel: In einem Bergdorfe besuchte ein Erstklässler die Schule bei einer Lehrerin. Kein Tag verging, wo die Kinder nicht am Born der Märchen getränkt wurden. Der Knabe nahm in tiefen Zügen auf und erzählte die Geschichten vollen Herzens zu Hause an Vater und Mutter, die sich am seelenvollen Wiedererzählen ihres Kindes freuten. Nun gab es sich, dass der Vater dienstlich an einen weit entfernten Ort versetzt wurde. Die Familie zog weg. Der Knabe kam hier nun zu einer Lehrerin, die keine Märchen erzählte, dafür vielerlei Umweltgeschichten von braven und weniger braven Kindern, von Franz, Helen und Silvia und wie sie alle hiessen. Unser Knabe wartete vergebens auf Märchen; es gab keine mehr. Da blätterte er in sich zurück ins Märchenland. In der Pause begann er, in einer Ecke des Spielplatzes, seinen Kameraden Märchen zu erzählen als kleiner Barde. Von Tag zu Tag wuchs um ihn die Hörerschar, bis bald einmal die Lehrerin davon erfuhr. Sie reagierte sauer und verbot kurzerhand: «In der Pause spaziert oder spielt man und erzählt nicht solche Geschichten.» Punktum.

Glücklicherweise, die näheren Umstände sind mir nicht bekannt, erlosch der Funke nicht. Bald einmal, ausserhalb der Schule, versammelte unser Erzähler seine Kameraden in einer alten Scheune des Dorfes, wo er auf der Heubühne seine Welt offenbaren durfte, die Welt des Wunderbaren, für die in der Schule kein Platz war.

Mit dem neunten Jahre tritt ganz naturgemäss die Bereitschaft zum Märchen etwas zurück. Die Erzählungen des alten Testamentes werden wesentlich. Die Schicksale von Joseph und seinen Brüdern greifen an die Herzen. Moses, der starke Gottesmann, der die Schicksale seines Volkes lenkt, entzündet Begeisterung. Allmählich wandelt und gliedert sich das Märcheninteresse in Interesse für die Natur, für Tiere und Pflanzen, für Heimatkunde, Geschichte. Der Kindersinn wendet sich ganz naturgemäss sachte der Erde zu. Wer früher regsam im Märchen verweilen konnte, der lebt sich nun regsam in alles hinein, was die Welt kündet. Eine verborgene Wandlung vom poetischen Bilderleben zur Bildungs-Bereitschaft für irdische Zusammenhänge findet im Kinde statt. Weltinteresse geht auf. Es ist zu beobachten, dass Kinder, die nicht zu früh intellektuell und altklug zugerichtet wurden, sondern im träumenden Sinnen der Märchenwelt genügend zu Gaste waren, später viel kräftigere Interessen aufweisen und auch weniger für nervöse Krisen anfällig sind.

Eines Tages begegnete mir eine Persönlichkeit, die sich heute in verantwortungsvoller Direktionsstellung befindet, bei der es vor allem auch auf schöpferische Einfälle ankommt. Im Gespräche kamen wir auf Erziehungsprobleme zu sprechen. Er berichtete mir nun, wie er als Knabe in sehr ärmlichen Verhältnissen auf dem Lande aufgewachsen sei. Er habe bis ins siebente Schuljahr nur ein einziges Buch besessen und immer wieder von neuem gelesen: Grimms Märchen. Es war offensichtlich, wie hier auf dem Grunde einer Märchen-durchtränkten Jugend sich unverbrauchte, frische Lebenstüchtigkeit aufbaute.

Zu den Bahnbrechern in unserem Jahrhundert, die früh erkannten, dass das Märchen in die Erziehung einfliessen sollte, gehörte auch Rudolf Steiner, der spätere Begründer der Waldorfschul-Pädagogik. Schon 1908 machte er in Vorträgen, die ein neues Verständnis der Märchen erwekken sollten geltend: «Und weil im Kinde die menschliche Wesenheit in einer noch ursprünglichen Art mit dem Gesamtdasein, mit dem Gesamtleben zusammenhängt, deshalb braucht auch das Kind als Nahrung für seine Seele das Märchen.»

Trotzdem in den oberen Schuljahren die wissenschaftlichen, technischen und sportlichen Fächer wesentlich werden, irgendwo bleibt in der Seele ein innerer Bezirk, der dem Märchenhaften auch später und im besten Falle fürs ganze Leben verbunden bleibt. Eines Tages klopfte an meine Türe ein Oberschüler (9. Klasse) der vormals bei mir das dritte und vierte Schuljahr besucht hatte. Er bat, mich etwas fragen zu dürfen. Ich hiess ihn herein, und etwas feierlich setzte er sich nieder. Er interessierte sich, von mir eine genaue technische Beschreibung eines Torpedos zu erhalten. Ich griff nach Brockhaus, zeigte ihm die Abbildungen und las die Beschreibung. Nachdem er alles betrachtet hatte und wir uns über diese schiffsmörderische Waffe gebührend unterhalten hatten, stand er wieder auf, sich zu verabschieden. Wie ich ihm die Hand reichte, fragte er etwas verlegen: «Hätten Sie mir vielleicht ein Märchenbuch zum Lesen?» Gewiss, ein solches war verfügbar, und glücklich eilte er weg. Ich bemerkte sehr wohl, das Torpedo hatte ihm zum Märchenland Zugang verschaffen sollen, in das es ihn drängte, wieder einmal hineinzuwandern.

Diese Episode ist nicht eine einzelne sentimentale Anwandlung eines Jugendlichen, der die Kinderschuhe längst zertreten hat. Sie weist im Grunde auf ein Bedürfnis jedes innerlich gesunden Menschen, in einen Bereich rein seelischer Erlebnis-Existenz immer wieder einzutauchen, sei es Musik, Malerei, Dichtung, oder eben die Poesie der Märchenbilder. Es ist dieses Wissen, das Shakespeare die dramatische Hauptgestalt des «Sturm» die Worte aussprechen lässt: «Wir sind aus Stoff wie Traum gemacht...» Der Urbereich der Phantasie ist eine Region unserer Seele, unseres inneren Menschen, die mit Erlebnissen des Schönen aus Natur und Kunst gepflegt sein will. Wie und ob das geschieht, davon hängt die seelische Gesundheit auf jeder Lebensstufe ab. In seinen Märchenvorträgen hat Rudolf Steiner mit folgenden trefflichen Worten darauf hingewiesen, soweit es die Märchen betrifft: «Und weil der Mensch, selbst wenn er sich dem Rationalistisch-Verstandesmässigen hingibt, doch nie von des Daseins Wurzel losgerissen werden kann, und weil er, wenn er gerade am meisten dem Leben hingegeben sein muss, am intimsten mit des Daseins Wurzel zusammenhängt, deshalb kehrt er, wenn er nur gesunden, geradsinnigen Gemütes ist, in jedem Lebensalter freudig zum Märchen zurück. Denn es gibt kein Lebensalter, es gibt keine menschliche Lage, die uns demjenigen entfremden könnte, was aus dem Märchen strömt...»

Anstelle der Märchenwelt wird später das Bedürfnis des

Umganges mit echter Dichtung treten. Wir wissen aber, wie gerade grosse Dichter (Goethe, Novalis, Hauff, Tolstoi u. a.) zur Märchenform griffen, um besondere Aussagen innerer Seelenbereiche im Bilde zu gestalten.


## VOM MÄRCHEN ZUR NATURPOESIE, ZUM TIER- UND PFLANZENMÄRCHEN

Die Märchensprache ist ein Zauberschlüssel, der nicht bloss das Schatzkästlein der in Büchern gesammelten Märchen aufschliesst. Im Kinde des Märchenalters lebt ein tiefes Bedürfnis, die Natur und ihre Wesen in poetischer Form nahegebracht zu erhalten. Die vielen Warum-Fragen dieses Alters gehen gar nicht darauf aus, realistische Antworten zu bekommen, als vielmehr Gemütsbeziehungen zu den Dingen der so rätselvollen Umwelt. Wer sich selbst an seine frühere Jugendzeit zurückerinnern kann, wie man Blumen und Tiere erlebte, wird finden, dass sie für ihn ebenso nahe Gestalten waren wie die Menschen und oft gar die allernächsten. Welch innige Freude erlebte man, das erste Veilchen zwischen Blättern und Moos versteckt zu finden, welch ausgelassener Jubel, im gelben Löwenzahn zu schwelgen, den man zu Brillen, zu Ketten, zu Flöten verarbeitete. Die beglückendste Verbindung von Kindern mit der Natur ist und bleibt ja das Blumenpflücken in Feld und Wald, jenes beseligte Entgegenkommen der kleinen Sterne, Sonnen und Glöckchen in die warme Hand. Dass junge Bergsteiger ihr Leben riskieren in Fels und Grat, um Edelweiss und Flühblumen zu erklettern, gehört zu jenem paradiesischen Drang vergangener Kindheit, sich mit der Blumenwelt zu verbinden. Im Erwachsenen schlummert etwas davon in einer Seelenecke weiter. Wer Blumen pflückt, der lebt Naturpoesie. Ohne dieses Refugium der Kindheit würden die Gärten der Erwachsenen veröden.

Was ist eigentlich unter dem griechisch klingenden Wort Poesie zu verstehen? – Unter Poet verstanden die Griechen einen, der Schönes «machen» konnte. Heute haben wir diesen Begriff erweitert und verstehen unter Poesie auch die Fähigkeit, Schönes aufnehmen zu können. Ein poesiearmer Mensch hat dürftige Beziehung zur Welt des Schönen in Natur und Kunst, ein poesievoller hat sich die goldene Gabe des Märchenalters erhalten: staunen zu können, dem Schönen die Seelentore zu öffnen, sich hineinzuversenken ins Blühen, Werden und Vergehen der Natur, in ihre Offenbarungen von Farbe und Formenreichtum. Für den Poesielosen verstummt die Natur: stummer Frühling, stummer Sommer, Herbst und Winter.

Überall grauer Alltag. Gelangweilt fährt er im Wagen durch die schönsten Landschaften. Spaziergänge werden oft nur auf Rat des Arztes unternommen, den «Bewegungsapparat» nicht ganz zu vernachlässigen. Ähnliche Abstumpfung findet man heute sehr oft schon bei Jugendlichen. «Das Wandern ist des Burschen Lust...» findet man langweilig. Es müssen schon Gliederverrenkungen bei Jazz sein, damit die müden Seelen sich in eine Art Intensiv-Erleben steigern. Der Wandervogel ist so ziemlich aus der Mode gekommen und geistert modifiziert an Europas Asphalt- und Betonstrassen als Autostopler herum. Jener Zug der Entpoetisierung grosser Teile unserer Jugendlichen zum «Fan», der seine Begeisterung nur aus der Pseudo-Sphäre der Unterhaltungsindustrie und des Sportes bezieht, ist das Ergebnis früherer Jahre verpasster Kindheit, verpasster Märchenpoesie, verpassten Zugangs zur Natur, zu Dichtung, Musik und zu den bildenden Künsten. Das Angebot der Vergnügungsindustrie für Jugendliche hat ein Ausmass angenommen in der Illustrations-Flut, auf dem Film- und Video-Sektor und wiederum in den elektronischen Spielen, wo Brutalität, Killfreude und Entwürdigung alles Menschlichen zur Unterhaltung dient. Der Drache geht gewaltig um, ist unglaublich erfindungsreich und geschäftstüchtig. Das alles geht heute unter dem Decknamen «Gewerbefreiheit»! Gewiss, viele tauchen nur für bemessene Zeit unter und finden sich wieder zu Menschlicherem hin; aber die Zivilisationstendenz manövriert mit Riesenschritten einer Zerstörung von Natur- und Menschenleben entgegen. Die menschliche Existenz ist in ihren Grundfesten von innen her bedroht. Wer nicht mehr staunen kann, kennt keine Ehrfurcht und somit keine wahre Achtung und Rücksichtnahme für den andern Menschen.

Man könnte lächelnd einwenden: sollte diesem breiten Kulturproblem etwa durch Kindermärchen aufgeholfen werden, wo grossangelegte Erziehungsprogramme zu versagen scheinen? – In gewissem Sinne gilt hier ein unbedingtes Ja, wenn unter Märchen nicht im engeren Sinne bloss Grimm und Anverwandte verstanden werden, sondern jenes Bemühen, für Kinder der Altersstufen bis zum neunten Jahr eine Welt gesunder innerer und äusserer Bilder poetisch zu erschliessen. Das heisst aufwachsende Kinder so zu betreuen, dass sie gemütvolle Seelennahrung erhalten, die Welt des Schönen, die Welt der Natur, die Welt der Schöpfung in sich aufzunehmen. In diesen Jahren geschieht das Entscheidende für eine innere Verwurzelung des Menschen; sie kann später kaum mehr nachgeholt werden. Hier und jetzt werden die inneren Ideale veranlagt und geprägt.

Ein Freund Goethes, J. G. Herder, schrieb im Vorwort

zu einem seiner Hauptwerke in fast hymnischen Sätzen, worauf es im Grunde stetsfort ankommt. Wir führen sie hier in der Sprache seiner Zeit an:

«Der Gang Gottes in die Natur, die Gedanken, die der Ewige uns in der Reihe seiner Werke tätlich dargelegt hat, sie sind das heilige Buch, an dessen Charakter ich... mit Treue und Eifer buchstabiert habe und buchstabieren werde.» – «Die ganze Schöpfung sollte durchgenossen, durchgefühlt, durchgearbeitet werden...» – «Unendlichkeit umfasst mich, wenn ich, umringt von tausend Proben dieser Art und ergriffen von ihren Gefühlen, Natur in deinen heiligen Tempel trete!»

Etwas von dieser Stimmung müsste in jedem Kinde erweckt werden, in dem Liebe zu den Blumen, den Bäumen, zu Sonnenschein und Regen, zu Schmetterling und Raupe, zu allem, was kreucht und fleucht, sich bilden soll.

\* \* \*

Im Märchenalter sprechen Sonne, Mond und Sterne. Sie reden auch mit Wind und Wolken. Wenn das kleine Kind seine Warum frägt, sollten Vater, Mutter und Lehrerin nicht bloss realistische Begriffe hinpfahlen; es möchte ja etwas vom heimlichen Gespräche aller Dinge in der Welt untereinander erfahren. Gerade wenn es nach den Geheimnissen der Natur frägt, sucht es poetische Antworten. Frägt der Kleine: «Warum tut der Wind die Bäume zausen?» Da könnte man ihm erzählen: «Einmal schlief der Brausewind hinter den Bergen. Auf einmal kam ein Sonnenstrahl, der stach ihn in die Backe und sprach: «He, Brausewind, Mutter Sonne sendet mich zu dir! Es ist so heiss und trocken auf der Erde, geh und schaff Regenwolken vom Meere her!» Brausewind rieb sich die Augen und schämte sich ein wenig, dass er über Tag so fest geschlafen; denn ein rechter Wind ist immer unterwegs, und man soll gar nicht merken, wann er eigentlich schläft. «Ja, ja!» blies er hervor. «Ich hole Regen, so rasch ich kann!» Bevor er zum Meere fuhr, stöberte er in den Bergtälern die kleinen Windjungen auf und befahl ihnen: «Windjungens, fahrt hin in die Berge und Wälder und meldet den Bäumen und Pflanzen, dass bald Regen kommt. Zaust und neckt sie und spielt mit ihnen, bis ich zurückkomme!» Ein junger Sausewind war ein besonders wilder Geselle. Er rieb sich die Nase, die Backen und sprach: «Das will ich melden, und es soll krachen! Das will ich melden und es wird tüchtig knacken. Ich geh zu den hohen, starken Bäumen!» Das Windmädchen Säuselinde flüsterte: «Ich geh zu den Blumen und Gräsern und säusle ihnen die frohe Botschaft zu.» Bald wogten und wallten die Gräser und Kornfelder, und die Blumen schaukelten hin und her und flüsterten freudig: «s'kommt Regen! s'kommt Regen!» In den Wäldern aber rauschte es wild; Äste knackten und dürre Holzbrocken stürzten krachend zur Erde. Hier tollte Sausewind und rüttelte die müden Bäume munter. In den Strassen wirbelte er Staub und Papiere auf, und dann fegte er fauchend über den See und spritzte weisse Gischt aus den Wellen. Vater Brausewind war vom Meere her schon unterwegs und trieb riesige Wolkenschiffe den Bergen zu. Mit Donnerstimme rief er dem Blitzmacher zu: «He, Blitzmacher, wo steckst du? Komm mit deinem Feuerschwert und spalte die Wolken auf, dass sie den Regen hergeben!» Da schlug auf einmal dem Vater Brausewind helles Feuer um die Nase, und mit einem Donnerschlag krachte es im Wolkenschiff, und der Regen prasselte zur Tiefe...

\* \* \*

Wollte man nun anschliessend all die Geschehnisse und Erlebnisse einzelner Regentropfen erzählen, die auf Häuser, in Blumenkelche, auf Tiere und in Vogelnester fielen, so könnte die Geschichte tagelang dauern und immer wieder von neuen Eigenarten aus Natur- und Menschenreich berichten.

Von solchen Gesprächen müsste ein gut Teil des Natur- und Heimatunterrichts im ersten und zweiten Schuljahr durchdrungen sein. Die Natur märchenhaft in Bilder bringen.

Gehen wir in den Bereich der Pflanzenwelt, so finden wir etwa in den Bilderbüchern von Ernst Kreidolf (Die Wiesenzwerge / Ein Wintermärchen u. a.) eine kindertümliche Art, Natur zu poetisieren.[1])

Als ich einmal eine dritte Klasse unterrichtete und die Welt zu erschaffen hatte anhand der biblischen Schöpfungsgeschichte, brachte mir an einem Morgen ein Mädchen ein prächtiges Edelweiss zur Schule und sprach: «Vater hat gesagt, Sie können es behalten, wenn Sie uns erzählen, wie das Edelweiss erschaffen wurde.» Gespannt heftete die ganze Klasse ihre Augen auf mich, der ich mit dem Edelweiss, wohl etwas verdutzt vorne stand. Seit Jahren hatte ich daran gedacht, Kindern legendenhaft von den Bergblumen zu erzählen; aber irgendwo hatte ich bisher den Anfang nicht gefunden. Nun, da gegen vierzig Augenpaare mich anstrahlten, musste ich wohl oder übel beginnen. Waren es die Kinder, die mithalfen? War es das Edelweiss?... Ich kann es nicht sagen; aber die Geschichte

---

[1]) Einige Kreidolf-Bilderbücher sind aus zeitgebundenem Jugendstil gemalt und daher weniger geeignet.

begann. Schöpfungsbilder belebten sich, und es dauerte gegen eine halbe Stunde. Als «wir» fertig waren, ging ein stilles Atmen durch die Klasse; aber aus dem Hintergrund prophezeite mit lauter Stimme ein Knirps: «Morgen kommt der Enzian dran!» Er hatte recht, er kam dran und in der Folge noch eine ganze Reihe von Bergblumen, und immer hinterher schrieb ich die Geschichten nieder, die ich allein am Schreibtisch vergebens ersonnen hätte. (Sie sind erschienen als Büchlein unter dem Titel: Bergblumenmärchen, Novalis Verlag.)

In den Tierfabeln ist von alters her eine dem Kinde naheliegende Personifikation gebräuchlich. Sie geben feine moralische Differenzierungen von Seelenhaltungen, die das Kind in solchen Bildern gerne entgegennimmt. Die Fabeln von Reinecke Fuchs, von Wolf und Schaf, von Löwe und Esel sind in der Reihe klassischer Beispiele. Aus dem Bedürfnis der Kinder, nicht nur die etwas begrenzten klassischen Fabeltiere vorzuführen, sondern das weite Reich der ihnen vertrauten Tiere der eigenen Umwelt, schuf der Verfasser eine grössere Zahl von fabelmässigen *Tiergeschichten:* Mücke und Wurm, Amsel und Maulwurf, Ameise und Schnecke, Eichhörnchen und Kröte, Fisch und Teichmuschel usw. (Erschienen unter dem Titel: Tiergeschichten.) Auch diese Geschichten möchten Anregung sein in Richtung der grossen, geschilderten

Aufgabe, im Märchenalter den Kindern neben den eigentlichen Märchen poetische Naturerzählungen zu vermitteln, damit sie früh lernen, ihre Seele liebend den Wundern der Natur zuzuwenden. Das Bienenleben als märchenhafte Erzählung versuchte der Verfasser im Büchlein: «Kleine Biene Sonnenstrahl».

## VOM MÄRCHEN ZUR LEGENDE, ZU SAGE UND GESCHICHTE

Mit dem 8./9. Lebensjahr neigt das Interesse der Kinder Erzählungen zu, in denen erste geschichtliche Motive aufglänzen. Es ist die Welt der Legenden: Ritter Georg, der mutige Drachenbezwinger, Ritter Martin, der für den nackten Bettler seinen Mantel halbiert, Beatus, Gallus, die wackeren irischen Glaubensboten, Franz von Assisi, Diener der Armut, sie alle bewegen die Herzen. Mit Anteil werden Geburts- und Kindheitssagen Jesu entgegengenommen, die in die Polarität von irdischer Macht (Herodes) und göttlicher Führung hineingestellt sind. Bedeutung gewinnen die Geschichten des Alten Testamentes in guter Auswahl[1]). Noch später beeindrucken Heldensagen

[1]) Jakob Streit: Und es ward Licht (Stuttgart 1983)
    Jakob Streit: Ziehet hin ins gelobte Land (Stuttgart 1983)

der Germanen und Griechen die Gemüter. In schicksals-schweren Bildern wird erzählt, was vormals das Märchen mit sanfter Dramatik schilderte. Und von hier führt ein gerader Weg zu dem Geschehen und Ringen in der eigentlichen Geschichte der Völker und der Menschheit. In einer sozusagen bruchlosen Kette wandelt sich so das frühe Märchenerzählen stufenweise in den Geschichtsun-terricht. Allerdings ist ein lebendig bildhaftes Gestalten Bedingung. Gerät der Geschichtslehrer in blosse abstrakte Kommentierung von Geschichtsquellen und Wirtschafts-zusammenhängen, müsste das Interesse rapid erlöschen. Bis ins 14. Jahr muss die Geschichte immer vom Menschen getragen und repräsentiert sein. Die Gelegenheiten sind ja in reicher Fülle da; man denke etwa an das Zeitalter der Erfindungen und Entdeckungen: Gutenberg, Columbus, Magellan, Leonardo da Vinci. Ist ihr Leben und Wirken nicht auch ein «Märchen» auf anderer Ebene? Goethe hat der Geschichte die Möglichkeit zugesprochen, dass ihr Umgang im Menschen die Kraft des Enthusiasmus bilde und erhalte.

Diese Aspekte sollten hier als Ausblick bloss angedeutet sein.

## KINDER-FERNSEHEN EINE GEFAHR?

Wenn zum Abschluss dieses Büchleins noch ein knappes Kapitel dem Kinder-Fernsehen gewidmet wird, geschieht es aus der Sorge, dass Ahnungslosigkeit vieler Eltern auf diesem Gebiet zu einer empfindsamen Schädigung kindlicher Entwicklung führen kann.

Ein Mädchen des zweiten Schuljahres kam nach einer Märchenstunde in der Schule zur Lehrerin und sagte: «Ich liebe die Märchen bei Euch viel mehr als das Fernsehen. Wenn Sie erzählen, steigen mir die Bilder aus dem Herzen herauf.» – Kein Erwachsener könnte einen treffenderen und schöneren Ausdruck prägen für den unterschiedlichen Vorgang zwischen Bildern, die aus der inneren Phantasie aufblühen, und filmischen Photos. In den letzten Jahren haben Erzieher, Psychologen und Ärzte nähere Einsichten in die Gefahren des Kinder-Fernsehens gewinnen können. Auf einer deutschen Fachtagung «Kinder und Jugend vor dem Fernsehschirm» charakterisierte Frau Dr. Krause-Ablass das Fernsehgerät als das ungeeignetste Mittel, eine gesunde, kindliche Weltanschauung zu vermitteln. In England, wo nun eine lange Studienerfahrung vorliegt, ergaben systematische Erhebungen durch Erzieher, dass Kinder-Fernsehen in zwei Richtungen negativ wirkt. Bei den einen erzeugt die meist täglich über Stunden konsumierte Passivitäts-Schau eine generelle Initiativ-Lähmung, eine Abschwächung des schöpferischen Willens und der seelischen Frische der Kinder (Impotenz zu eigenem Spiel, Lernschwund etc.). Bei andern stellt sich eine motorische Zappeligkeit ein, die sich in der Unfähigkeit zu ruhiger Konzentration äussert. Die Einsicht in diese Zusammenhänge ist am Wachsen und wurde erfreulicherweise sogar von Fernsehexperten vertreten wie z. B. vom Programmkoordinator für das deutsche Fernsehen, Dr. C. Münster: «Es ist ein pädagogischer Irrsinn, Kinder unter acht oder auch zehn Jahren vor den Bildschirm zu setzen!»

Dass der Fernsehapparat radioaktive Strahlen aussendet, zeigt nicht nur der Geigerzähler, das zeigen auch instinktsichere Hunde und Katzen, die beim Einschalten aus seiner Sphäre fliehen. Das Experiment hat inzwischen auch bestätigt, dass kleinere Tiere wie Mäuse, Aquariumfische und Zimmervögel in der Nähe des Fernsehapparates rasch eingehen. In jedem Gerät entsteht bei der Erzeugung der erforderlichen Zeilenfrequenz von mehr als 15600 Hertz pro Sekunde ein aggressiver hoher Dauerton, der an den untern Überschallbereich angrenzt und daher für

Menschenohren nicht mehr registrierbar ist. Die Nerven-konstitution der Kleintiere reagiert darauf in hohem Masse. Für den Menschen ist dieser Aspekt noch nicht genügend erforscht. Für Kinder wird neben seelischen und physiologischen Störungen festgestellt, dass eine mechanisierte Verkümmerung der menschlichen Sinne ein zu hoher Preis sei für die sehr geringen bizarren Streu-kenntnisse aus aller Welt, die das Fernsehen übermitteln kann. Heute, da die Kinder schon so viele unvermeidliche Zivilisationserregungen, Lärm, Strassenverkehr etc. erlei-den, sollten solche zusätzliche, vermeidbare Belastungen wie das Kinder-Fernsehen von vernünftigen Eltern mög-lichst herunterdosiert werden. Die Zivilisation darf unse-rer Jugend nicht mehr und mehr die gesunden Natursinne und die urtümlichen Bildemöglichkeiten des Gemütes, der Seele rauben! So müssen unsere Betrachtungen in eine Mahnung zur Wachheit für solche Zusammenhänge aus-klingen, da eine aufbauende Seelenpflege der Kinder in unserer Zeit mit erschwerten Umweltfaktoren zu rechnen hat. Viel bewusster als früher müssen wir uns Urteile bilden, wollen wir von der Zivilisation nicht überrollt werden.

*　*　*

## AUS KINDERMUND...

Mutter: (liest in der Illustrierten. Der kleine Peter drängt zu ihr): *Peter, da du heute brav gespielt hast, darfst du dir jetzt eine Märchenplatte auflegen.*

Peter: *Mutter, ich möchte doch so gerne von dir die Geschichte hören!*

Mutter: *Geh, die Platte erzählt das ja viel besser als ich.*

Peter: *Die Platte nimmt mich aber nicht auf den Schoss, wenn sie erzählt, Mutter!*

## WAS ERZÄHLEN WIR KINDERN IM VOR-MÄRCHENALTER?

Das Kind der ersten Jahre ist ein Bewegungsgeschöpf. Es will sich im Spiele betätigen. Dann aber kommen Momente, wo es auch über das dritte Altersjahr hinaus auf den Arm, auf den Schoss genommen werden möchte und einer Liebkosung bedarf. Auch Worte können liebkosen, und wenn man ein Spielsprüchlein zum leichten Hopsen auf dem Knie gegenwärtig hat, ist es selig. Wir erzählen ihm auch kleine Fingergeschichten, knicken ihm den Daumen und sagen: «Der ist in den Bach gefallen!» Wir bewegen darauf den Zeigefinger des Kindes und sagen: «Der hat ihn herausgezogen!» Wir bewegen den dritten Finger: «Der hat ihn nach Hause getragen.» Beim Goldfinger: «Der hat ihn ins Bettchen gelegt.» Wir bewegen den Kleinfinger rasch im Kreise herum und sprechen dazu: «Der hat ihm geschwinde das Süppchen gekocht!» Für Wochen ist die Kurzgeschichte da!

Wir können wiederum den Daumen der rechten Hand mit dem Zeigefinger der linken Hand ein Gespräch führen lassen über das Wetter, über das verlorene Kätzchen, über das Kind selbst, wobei der Daumen vermerkt, was nicht gut getan war, der Zeigefinger aber das Lobenswerte anführt.

Eine Grossmutter strickte für den Enkel einen kleinen Joggeli, den der Knabe immer neben sich auf dem Kopfkissen einschlafen liess. Eines morgens berichtet der Kleine: «Grossmutter, wo ist wohl der Joggeli letzte Nacht gewesen? Er ist mit mir auf dem Kopfkissen eingeschlafen und heute morgen lag er mir zu Füssen!» Grossmutter griff das Ereignis auf und erzählte vom Herumwandern des Joggeli im nächtlichen Hause, was er da alles erlebte. Sogar die Zahnbürste hat er betastet, um zu sehen, ob sie vom Gebrauch nass wäre. Von nun an wollte der vierjährige Knabe wochenlang Joggelis Nachtwanderungen erzählt hören. Grossmutter musste ihn bald in den Keller, auf den Dachboden, in den Garten und in den nahen Wald wandern lassen...

Wenn sich Kinder einmal mit einer Figur identifiziert haben, gibt es lange Kettengeschichten (die man eben selbst erfinden muss). Man beginne nur einmal vom Eichhörnchen zu erzählen, das gelegentlich der unfreundlichen Krähe begegnet. Mit dem Eichhörnchen erlebt dann das Kind für Wochen die ganze Welt. Es kann selbstverständlich auch einmal in der Nacht mit dem Schwanz Sterne putzen gehen und den Mond besuchen. In gleicher Weise könnte man eine Schwälbchengeschichte erfinden und mit ihm im Herbst ins Südland fliegen.

Besonders lieben Kinder auch Erzählungen von Zwergen und Elfen. Die sind ja auch klein wie sie und geben eine herrliche Möglichkeit, poetisierende Naturerzählungen zu vermitteln.

Für das Kind im Vormärchen-Alter ist der gemüthafte Erzählton wichtig und die sanft begleitende Geste mit viel Wiederholung des Ähnlichen. Wer einmal beginnt, wird durch das Kind selbst gelenkt, dass er es kann. Es braucht nur Mut, um voll einzusteigen!

MÄRCHEN – LEGENDEN und andere
JUGENDBÜCHER von JAKOB STREIT

Bergblumenmärchen (Schaffhausen 1976)

Das Bienenbuch (Stuttgart 1976)

Das Dreikönigsbuch (Schaffhausen 1984)

Ich will dein Bruder sein (Stuttgart 1983)

Kindheitslegenden (Stuttgart 1983)

Kleine Biene Sonnenstrahl (Stuttgart 1983)

Milon und der Löwe (Stuttgart 1972)

Puck der Zwerg (Stuttgart 1982)

Tatatucks Reise zum Kristallberg (Stuttgart 1984)

Tiergeschichten (Stuttgart 1979)

Und es ward Licht (Weltschöpfung) (Stuttgart 1983)

Ziehet hin ins gelobte Land (Stuttgart 1983)